「あたりまえ」がやれない僕らが
どうにか生きていくコツ47

発達障害 サバイバルガイド

借金玉
Syakkindama

ダイヤモンド社

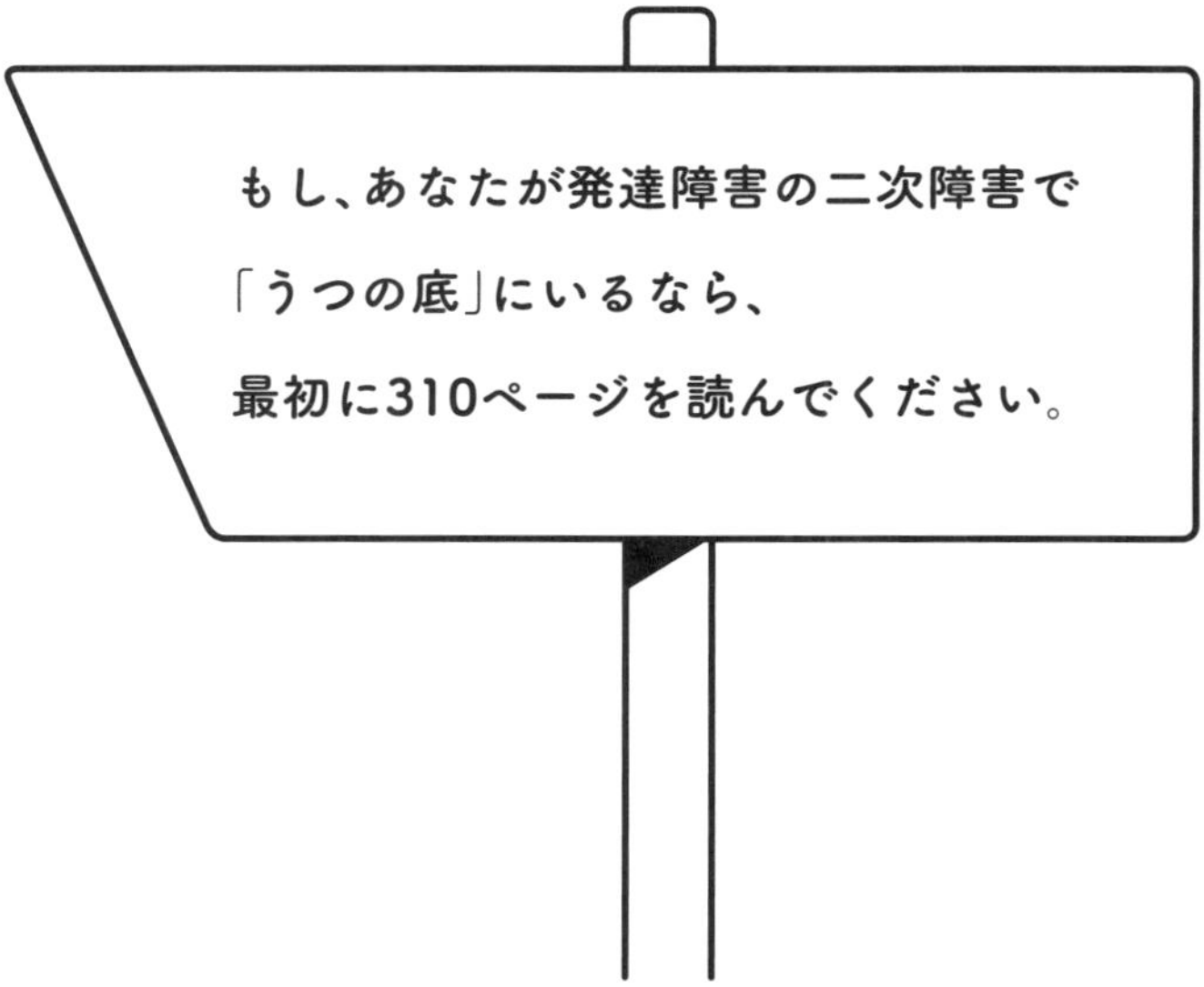
もし、あなたが発達障害の二次障害で
「うつの底」にいるなら、
最初に310ページを読んでください。

はじめに　食っていくための「生活術」

この本は、あなたのためのサバイバルガイドです。具体的には、発達障害という問題を抱えた僕らがどうにか働き、食っていくための「生活術」を1冊にまとめています。誰かより高い生産性を出したり、あるいはとびぬけた能力を身につけたりといった意識の高い目標は一切掲げません。たくさんのお金を儲ける方法も、有用な人脈をつくり上げるテクニックも、人生で転ばない処世術も、一切書かれていません。この本には**「いかに生き延びるか」**、**すなわち何度転んでも、何度落とし穴に落ちても、どうにか立ち直るための再起の方法**以外、何ひとつ記載されていないのです。

生活とは、人生の基盤そのものです。仕事もプライベートも、あるいは成功も失敗も、すべては「生活」の上にしか成り立ちません。この世界に生きる限り、誰一人として「生活」することから逃れることはできません。

そして、僕も含めた一群の人々――発達障害者、あるいは発達障害グレーゾーンの方――にとって、「生活」というものは、一筋縄ではいかない難しさがあります。

●「あたりまえ」がやれないあなたへ

みんながあたりまえにやれていることがうまくやれない。人生がまるでうまくいかない。僕は若い頃、漠然とそう感じていました。「まともな人」があたりまえとしてこなす日常的な物事は、どれもこれも僕にとってあまりに過酷なもののように思われました。

いつも部屋の中はめちゃくちゃでした。出かけようと思っても、アイロンのかかったシャツも清潔な靴下の一足もなく、かばんの中からは大事な書類がいつも消失しました。電気やガスはしばしば止まり、住民税の滞納金を何度も払いました。朝は起きられず、夜は眠れず、いつも何かに追い立てられているような焦燥感を感じていた気がします。

実際のところ、いつも何かに追い立てられていました。それは払い忘れたままずっとテーブルに放置された請求書や、クリーニングに出し忘れたスーツ、目を覚まして仕事に向かわなければいけない朝、税金や年金といった行政手続き、冷蔵庫の中で腐っていく食材、たまりにたまった洗濯物、そういったものでした。

かつて発達障害と診断されたとき、僕の生活におけるさまざまな問題が発生する理由について、深く納得できました。「なるほど、そういうことだったのか！」という感動を今でも覚えています。しかし、それがわかったところで「問題」は相変わらず存在し続けていました。今のところ、**発達障害を「治す」のはあまり現実的ではありません。となれば、障害を抱えたまま人生をうまくやっていくためのノウハウをつくりだしていく以外に、結局のところ選べる道はない**のです。

僕は少し前に、発達障害を抱えた人が「組織で働く」ためのノウハウ本を書きました。多くの読者様に恵まれた思い出深い本ですし、自分なりに精一杯いいものを書いたという自負はあります。しかし、「働く」ためにはまず「生活」をしなければいけません。働くという行動は、生活の上にしか成り立たないのです。そういう意味で、僕の前作は不完全という批判を免れないものでしょう。

だから、僕はこの本を書きました。そして、この本には一人の発達障害者としての僕が、少しでもまともな生活を手に入れるために重ねてきた工夫をみなさんと分かち合いたいという気持ちがこめられています。ほんの少しでもあなたのお役に立てたなら、これ以上幸せなことはありません。

●借金玉と名乗る胡散臭い人間について

はじめましての方も、あるいはとっくに知っているよという方もいらっしゃるかもしれませんが、なにはともあれ自己紹介をさせてください。

僕は、借金玉と名乗って文章を書いている人です。不動産営業の仕事と、ライター・作家業を兼務しております。

30代半ばの中年男性で、最近は体重の増加と筋力の減少に悩んでいます。大学時代に発達障害（**ADHD／注意欠如・多動症**）と診断されました。現在はコンサータという薬を処方されています。

衝動性や注意欠如、落ち着きがないなどのADHD的な症状は非常に強いです。同時に感覚過敏が強く、ネクタイやマフラーといった首に巻くものがとても苦手です。

他人に共感したり気持ちを慮《おもんぱか》ったりするのも得意ではありません。診断はＡＤＨＤですが、お察しの通りＡＳＤ（自閉スペクトラム症）的な症状も多分に持ち合わせた人間かと思います。発達障害はスペクトラム状に症状が分布する障害ですので、ＡＤＨＤやＡＳＤといったひとつの診断名では捉えきれない症状が現れるのはむしろ普通のことといえるでしょう。また、二次障害で双極性障害（躁うつ病）を発症してしまいました。発達障害そのものより二次障害のほうが問題としては大きいかもしれません。

小学校、中学校と、発達障害児によくある通り学校生活になじめず、あまり通わずに卒業してしまいました。高校は出席日数不足で落第になるギリギリのところで卒業できました。その次になんとなく入った大学の教育学部では「学校というものが大好きで、無条件に素晴らしいものだと考えている人」との出会いを経験させていただき、数カ月で退学しました。

その後、２年ほど地元で友人たちとシェアハウス暮らしをしながら月収６万円くらいの極貧生活を楽しんでいましたが、ふと勉強がしたくなって早稲田大学に再入学しました。こちらの大学は幸いにも首尾よく卒業できました。おまけに信じられないほどの幸運に恵まれて、とても立派な金融機関に就職することまでできました。

その職場で僕は「金融事務の仕事が一切できない」事実と直面し、本当に何ひとつ仕事ができないまま2年ほど働いて、退職しました。１億円と書くべき書類のゼロの数を間違え、10億円と書いてしまってめちゃくちゃに怒られたときの夢を見て、いまだに飛び起きることがあります。僕はゼロの数ひとつすら正確に書き写せませんでした。

退職後は人生の一発逆転を期して資金をかき集め、起業に打って出ました。一時は社員10人を越すほどまで拡大するものの、３年とたたないうちに事業は昇った勢いで逆V字の急降下。事業破綻を迎えることとなりました。会社が破綻に向かっていく過程でたくさんの借金をしたことを機にTwitterで「借金玉」と名乗るようになりました。ちなみに、現在の借金は２０００万円です。

その後、会社の整理が終わるとともに持病の双極性障害によるうつ状態が悪化し、1年ほど家の外に出ることすらままならない「うつの底」に沈みこんでおりました。

当時は毎日死ぬことだけ考えて生きていたのですが、いろいろあって31歳のとき、社員数８名ほどの不動産会社の非正規不動産営業として拾ってもらい、今に至ります。現在は、僕のせいで数千万円をドブに捨ててしまった出資者への恩返しを目標に、たまにうつで動けなくなったりしつつもなんとか暮らしております。

そんなわけで、とにかく失敗まみれの人生を生きてきました。やらかし経験の数とバラエティには自信があります。そんなことを誇るような人生を生きたくはなかったのですが、そうなってしまったものは仕方がありません。それでも生きていくぞという気持ちをこめて、「日本一意識の低い自己啓発本作家」を名乗っております。

●サバイバルとは「よりラクな、より快適な、より優雅な」生活

くりかえしになりますが、この本は「サバイバルガイド」、生き延びるための本です。しかし、木の皮をかじり泥水をすすり、塗炭の苦しみの中でかろうじて命をつなぐ状況を「サバイバル」と僕は呼びたくありません。**サバイバルとはよりラクに、より快適に、より優雅に生きられる環境を自らつくり上げていくことであると、**本書では定めています。

「食うや食わずで苦しんで書くより肉と肉汁のかかった芋を腹いっぱい食ったほうが、いいものが書けるに決まっているだろう」

チャールズ・ブコウスキーという作家がこんなことをいっていました（細かいとこ

ろはうろ覚えですが、ニュアンスは合っているはずです）。本書のモットーは、この言葉に集約されます。

「きちんと生活をしよう」は「快適な生活をしよう」と同義でなければいけないと僕は思います。しかし、なぜか人は「不便で快適ではない生活」を志向してしまうところがあります。「自分はまともな生活ができていない」と感じている人ほど、まるで自分に快適な生活をする権利はないとでもいうようなある種の自罰性――贅沢は敵だ！――を持っているように僕は思えてならないのです。この本は、そういった方向を一切目指しません。ストイックさは、むしろ悪徳とさえ考えます。

人類が井戸を掘るのはなぜか。つまるところ、川まで水を汲みにいくのがめんどくさいからです。人類がカマドをつくるのはなぜか、ラクに炊事をしたいからですね。この「ラクに」というのは非常に重要な概念だといえます。具体的な工夫やノウハウで労力と時間を削減し、生活を快適にした分だけ、人類は発展してきたのです。僕らの人生も、同じです。

みんなでうまいこと生き延びて、幸せになりましょう。やっていきましょう。

CONTENTS

CHAPTER 1

生活環境　サバイバルに絶対必須の設備ハック

CHAPTER

2

お金　貧困と借金から学んだマネーハック

CHAPTER

3

習慣　くりかえしが苦手な僕らの365日ハック

CHAPTER 4 在宅ワーク だらだらに勝つ自宅作業ハック

CHAPTER

5

服 おしゃれとか以前の身だしなみハック

CHAPTER 6

食事 ずぼら完全対応版自炊ハック

CHAPTER 7

休息 生き延びるための休日ハック

CHAPTER

8

うつ 不安とともに生きる再起ハック

CHAPTER 1

［生活環境］
サバイバルに絶対必須の設備ハック

発達障害サバイバルの大原則【生活環境編】

「設備投資できない病」がすべてを狂わせる

極貧生活で出会った「洗濯機を買わない人々」

僕は高校を出た後、2年ほど友人と3人でシェアハウス暮らしをしていました。それこそ、「月収が6万円」みたいな極貧生活です。

当時僕が暮らしていた田舎町でも、さすがに月収6万円で生活していくことは不可能でした。そこで僕は「一人6万は無理でも3人で18万ならギリギリ暮らせるのではないか」と考えたのです。実際本当にギリギリでしたけれど、なんとか暮らせました。

それは、まるでロビンソン・クルーソーが生活基盤をつくり上げていくみたいなサバイバル体験で、今思い出すとなんだか楽しかった気がします。もちろん、大変だったり辛かったりした記憶もありますが、なにせ若かったですしね。暖房用の灯油代がなくて氷点下の部屋で毛布をかぶって眠ったり、電気が止まったのに払い込むお金がなかったりしたのも10年経てば結構いい思い出です。

貧乏な生活をしていると、同じくらいの経済水準の仲間がたくさんできます。しかし、この同じ程度の収入しかない極貧仲間であっても生活の水準はそれぞれ全く別ものでした。少ない収入でそれなりに快適な生活を送っている者もいれば、その逆にある程度の収入はあっても荒れ果てた不便極まる生活を送る人もいたのです。

その差はどこにあるのか？　僕はあるとき、その両者を分けるひとつの指標が「**家に洗濯機があるかどうか**」だと気づきました。

洗濯機というのはそう高いものではありません。中古で2万円も出せば手に入ります。極貧とはいえ、手に入れることは可能です。しかし、ある種の人々はその2万円を出費せず、コインランドリーで数百円を支払うか、あるいはクリーニング屋を使ってしまうのです。

コインランドリーまで出向いて洗濯をする。そこにはコストだけでなく、時間もかかります。それはまるで「井戸を掘らず、毎回川まで水を汲みに行く」行動様式です。洗濯機は大げさな例ではありますが、多くの人の生活の中にこのような「不合理で不経済な、まるで何かの修業のような行動様式」が見受けられるのは確かな事実です。

これを僕は「**設備投資できない病**」と名づけました。

現代社会において、生活の利便性を手に入れるための「設備」はたいていの場合購入するものです。そこにはもちろんコストがかかります。この支出を無自覚に拒否してしまう悪癖を、多くの人が有しています。それは、まるで「自分は貧乏なんだから、身の丈にあった暮らしをしなければいけない」というある種の自罰ですらあるように、僕には思えるのです。

人生をよくするのは「努力」ではなく「設備投資」

世界で一番「設備投資」をするべき人は誰か。それは、最も持たざる人、何もない原野でサバイバルをしている人に他なりません。ひいては、**貧しく不便な生活をしている人ほど、設備投資によって生活は簡単に、大きく快適になる**のです。

あなたの人生をよくするのは、「努力」ではなく「設備投資」です。具体的なモノだけが、生活の苦痛を取り除いてくれます。このCHAPTER1では、僕自身の人生を飛躍的によくしてくれた5つを厳選し、効果が高い順に並べました。ただし、紹介している「モノ」はあくまでも例であり、本質ではありません。究極的には、あなたの中にある「自分が頑張ればいい、設備投資はしなくていい」という感覚を見つけ出し、可能な限り拭い去ってもらうことが最大の目的です。そうすれば、人生というサバイバルのあらゆる局面で応用をきかせることができます。

発達障害者だって貧乏人だって、豊かで快適な生活をしていいに決まっています。あなたの中にある、「自分はダメな人間なんだから、ラクをしてはいけない」のようなある種の自罰感情をまずは捨て去りましょう。そして、あなたの能力を最大限発揮できる、ゆとりあるよい暮らしを手に入れましょう。

あなたは幸せになっていいに決まっているじゃないですか。

Hack

01

食洗機が「先延ばし人生」を解決する

●食洗機で「悪い思考ルーチン」を断ち切る

食洗機、持っていますか？　今すぐ買ってください、以上。これが本書の最初に伝えたいメッセージです。

「ラクをする」のは意外と難しいことです。普段我々は、自分が「めんどくさいことをしている」という感覚をあまり持つことができません。「自分が怠惰だからこんなことになるのだ」と自罰感情は湧いても、「どうすればラクになるかな？」という工夫の方向性へ思考が向かわないのです。この悪い思考ルーチンを解除するには、一度**「設備投資をしてみたら劇的にラクになった」という体験をしてみる**しかありません。いくら字面で理解できても、実感が伴っていなければ無意味なのです。

僕の経験上、即座にこの劇的な体験をさせてくれる道具が、食洗機です。

「食器なんか手で洗えばいいじゃん」

「家事への投資をそんなに重視してない」

こういうことをいう人はよくいます。もしかしたら、この文章を読んでいるあなたもそうかもしれません。だって、皿なんて手で洗ったって20分もあれば終わるじゃないか。食洗機に任せたら1時間はかかるだろうし、そもそも食洗機自体も安くない、なら手洗いでいいじゃないか。その気持ちはもちろん僕にもわかります。でも、ちょっと僕の話を聞いてください。

●なぜ僕らは皿洗いを「先延ばし」するのか？

僕は長いこと、使った食器を台所にため込んではある日「もうダメだ！」と叫んで必死に洗う、そんな生活を続けてきました。視界の端に食器のたまったシンクがあるのはもちろん大きなストレスなんですが、どうしても洗い始めることができない。毎回コンスタントに洗っていればラクなのはわかりきっているのについため込んでしまう。そして、ある日「やるぞ！」がやってきてたまった皿は一掃される――。「先延ばし癖」の強いＡＤＨＤ特性の方はだいたいこの状況に悩んでいると思います。

この、極めてＡＤＨＤ的な「皿が洗えない」現象、実は日本の台所事情と大きな関連を持っていると僕は考えています。というのも、シンクに皿をため込んだ場合、狭い台所だと「洗うスペースがない」状態が起きてくるのです。そのためにまずドロドロのシンク（皿をどかすごとに吹きあがってくる腐敗臭！）に手を突っ込んで、洗浄スペースをつくる必要があります。僕が狭小ワンルームに住んでいたころは、お恥ずかしながらガスレンジの上に汚い皿を積んで皿洗いをしていました。

実は、この**「本来の作業を行うための準備作業」**が曲者なのです。「勉強を始めたいのに机の上に物が大量にのっかっている」という状態を想像してもらえばわかりやすいでしょう。「勉強を始める」だけでも大変な意思の力を要するのに、「それを始める前にまず片づけ」となったら、それはもう永久に勉強ができなくなってしまってもしょうがない。

この難関の連続を**「皿を突っ込む」の一手に圧縮**してくれる最高の道具が、食洗機です。最悪でも「食洗機の中からきれいな皿を取り出して」「汚れた皿を突っ込む」たった二手です。このラクさは劇的なものです。

●「仕事を手助けする」道具ではなく「仕事を任せる」道具を買おう

先日、友人が「汚部屋をなんとかしたい」というので軽トラを連れて大掃除の手伝いに出向いてきましたが、１Ｋの部屋の中から山のような収納グッズが発見されました。自炊を始めようとした形跡もあり、塩のビンが5個、胡椒のビンが3個、計量カップが4個ほど落ちていました。その一方で、彼の部屋には洗濯機も食洗機もありませんでした。

彼はむしろ努力家だったのだと思います。収納グッズを買って片づけようと努力した。塩を買って、自炊をしようと努力した。しかし、彼が購入したアイテムは、「仕事を任せる」というよりは、「何かをする手助けをする」ものばかりでした。そして、それを買っても実際に手を動かせなかった。収納グッズを購入してもそこに物を入れることはできなかった。塩と胡椒を買っても野菜炒めをつくる台所を準備できなかったのです。

食洗機は、僕らに努力を求めません。とにかくどんなときでも皿を突っ込んでボタンを押せば、あとは勝手にピカピカにしてくれます。手で洗うよりずっと仕上がりもいいですし、あの一番面倒な食器拭きの手間もありません。

まずはこの「ラクになった！」という喜びを手に入れましょう。人生をよくするのは「頑張るぞ」という苦みではなく、「ラクになった！」という喜びです。

毎日薪を探すのがめんどくさくなって薪の貯蔵小屋をつくった原始人の気持ちになってみてください。そうやってあなたはよくなっていくのです。

まとめ

- **設備投資できない病を治すには、「買ったらラクになった！」体験をするしかない**
- **食洗機のすごさは、作業が「一手」で終わること**
- **あなたは頑張らなくていい。機械に仕事を任せよう**

Hack

02

健康が一番高い。今すぐ「寝床」に課金せよ

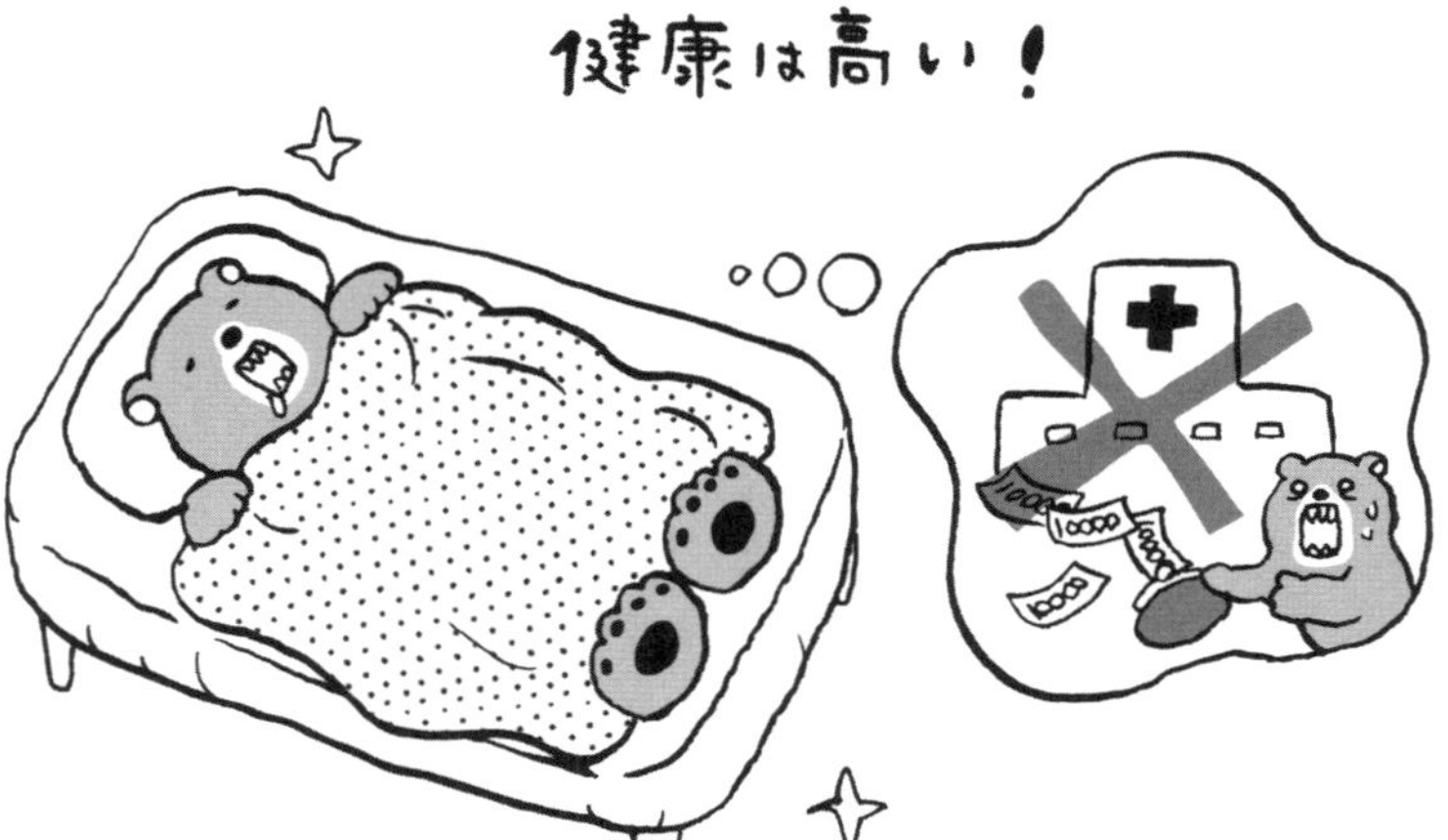

●ベッドがないと人はマジで死ぬ

お金がない。今月の家賃も不安だ——僕も長年そういう時期を生きてきました。お金がないと、いわゆる高級品というのはなんとなく腹立たしいものに見えます。ブランド品が視界に入ると腹が立ってきます。自分は安いアイテムでいい生活も仕事もするんだ、そういったアイデンティティはかつての僕にもありました。

その結果として、働きすぎた僕は肩、腰、ひざ、手首に至るまでの全身をまんべんなく壊し、その治療費には軽々数十万円が必要になりました。動けなかった日の機会損失まで考えると、本当に想像したくもない額の損をしていると思います。

病院、接骨院、マッサージ、ボルタレン、ロキソニン、貼り薬、コルセット……あらゆる対症療法の末に僕がたどり着いたのは**「いい布団で寝ると健康になる」という****とてもシンプルな結論**でした。

無人島など本物のサバイバルでも、最も重要であり、最初にすべきなのが「寝床の確保」です。水とか食料と同じくらいの切実さで、ベッドがないと人はマジで死にます。僕も昔ハードコアなボーイスカウトみたいなものに所属していたことがあって、そのときにこれを思い知りました。

アスファルトに直接寝た経験がある人は多くないと思いますが、僕はあります。一晩くらい大丈夫だろうと横になっていたら、目を覚ましたときあまりにも全身がひどいことになっていると気づきました。硬く冷たい地面の上で寝るというのは、人類にとって自殺行為なのです。硬くボコボコした地面は人間の身体を容赦なく痛めつけますし、同時に地面から伝わってくる寒さは身体を致命的なところまで冷やします。

実は、我々から見てサバイバルと感じられるような生活をしていた古代人は、ベッドにとても凝っていたという研究があります。毛皮だったりあるいは植物の繊維だったり、身体をやわらかくホールドし温かく保つ寝床の必要性を古代人ですら知っていたのです。

翻ってみなさま、どんな布団で眠っておられるでしょうか。その長年しきっぱなしのペラペラの煎餅布団、もしかすると古代人のベッドより寝心地が悪くありませんか？　十分にあなたの身体を支え、同時に適切な保温をしてくれていますか？

あらゆるものは、壊れる前にケアしたほうが安上がりです。あなたの身体も例外ではありません。どれほどお金がなくてもまずは寝床にお金をかけるというのは、サバイバルの知恵としての圧倒的な必然性を持っています。毎日の身体のしんどさ、寝起きの悪さ。それを「根性が足りない」と片づける前に、あなたの寝床について考えてみてください。

●マットレスを最優先する

なお、僕は健康や快適さに課金するとき

「身体接触の多さ×使用時間の長さ」

という基準で優先順位を決めています。最も身体に触れ、最も長く使うものを最初に買うべきだと。

この理屈でも、寝床は優先順位の1位になってきます。次にくるのは、スマートフォン、文筆業の僕にとってはキーボードとイス、あるいは肌触りのよい肌着、などでしょうか。多くの人に納得いただける考え方だと思います。

QOL爆上がりマットレス

西川の［エアー01］SEマットレス。
著者は6万円台のタイプを使用中だが、値段に見合う性能。

寝具の中でいえば、（ベッドであれ布団であれ）マットレスが最も重要だと僕は考えています。腰痛持ちの方は絶対に必要なアイテムだとさえいえるでしょう。特に、体重のある方はできれば体圧分散機能のついたものを使うことを心からおすすめします。

　寝具選びはその人の身体に合わせて行うべきなので確定的にこれがいい、とはいえませんが、それなりのお値段のする良質な寝具は、投資以上の価値をもたらすことを約束させていただきます。反対に、中価格帯は「すべてが中途半端」という事態が頻発しがちなので、思い切ってよいものを買う価値はあります。

「健康とかそんなことより、お金がないんだよ！」

その意見はよくわかります。僕も同じように考えていました。でも、身体を壊すと仕事ができなくなるばかりか、生活ができなくなります。そして、生活ができないと何ができなくなるかというと——全部です。お気をつけください。

あなたの身体の修繕費は、たいていの寝具よりは高くついてしまいます。

まとめ

- **身体を壊す「前」に、ディフェンスの投資をしよう**
- **最も投資対効果が高いのは、マットレス**
- **中価格帯はハズレ商品も多い。思い切って投資する価値はある**

Hack

03

机とイスは、あなたの家の「知的生産拠点」

●生き抜くためには「A4用紙1枚にまとめる力」が必要だ

本物のサバイバルにおいて「ナイフ」というツールは特権的な重要性を持ちます。それはいわば**「道具をつくり出す道具」**なのです。魚を獲るモリや罠、あるいは木の枝や葉を組み合わせてつくる原始的な家、樹皮を使った鍋、木の枝を加工した箸、何をつくるにも「道具をつくり出す道具」が必要になることがわかると思います。

この「道具をつくり出す道具」は原始時代において、石を割ってつくる石器でした。人類史において「石器」は偉大な進歩ですが、それでも現代人が使う「ナイフ」と比べればその作業効率には雲泥の差があります。木材を加工するにも、魚をさばくにも、切れ味のいいナイフと石器では能率も仕上がりもまるで違いますよね。

こういった「ナイフ」のような根源的な道具、そこから派生してあらゆる道具がつくり出されていくメタツールがなければ、サバイバルは遥かに厳しいものになるでしょう。

では、僕らがサバイブする現代社会においての「ナイフ」とは何か。それは、自宅に「知的生産拠点」を持つこと。すなわち学習しやすい机と座り心地のよいイスだと僕は考えています。

現代において、**何かをつくり出すための根源的なツールとは「知識」**だと考えて、まず間違いはないでしょう。学校や受験といったいわゆる「お勉強」に限らず、この社会で自立して生きていくためには、「知識を手に入れ、まとめ、行動する」必要があります。僕の金融機関時代の先輩が「どんな問題も、Ａ４用紙１枚に書き表すことができれば、８割解決している」と教えてくれましたが、この能力が必要とされるのは仕事だけではありません。10歳でも34歳でも60歳でも、年齢や職業、業種などにかかわらず、（働いていなかったとしても）誰にでも求められます。

たとえば、インターネットの通販サイトを見比べてお買い得なパソコンをひとつ買う。生活保護を受けたいので、国や自治体のウェブサイトから情報を集める。これも**知識を手に入れ、まとめ、行動する**ことで実現します。この能力の差が人間の人生にどれだけ大きな違いをもたらすかは、想像に難くないでしょう。

もちろん、この能力には大きな個人差がありますが、一方で訓練によって確実に伸ばしていくことが可能なものでもあります。

●ちゃぶ台だと人は勉強しない

知識を手に入れること、訓練することは自宅に机やイスがなくても十分可能だ。そう考える人は多いかもしれません。それが、大きな落とし穴なのです。

僕はかつて補習塾の講師をしていたことがあります。いわゆる、学校の学習についていけない子どもたちをメインの顧客とした学習塾です。学生起業でしたので、学費は極めて安く設定されており（今思うと若気の至りというもので、そのせいでこの事業はのちに継続不能になってしまったのですが）通常学習塾にはあまり来ないであろう階層の子どもたちがそれなりの人数でお客さんになってくれました。そこで気づいたことは、**学校の学習についていくことに苦戦している子どもたちの多くは、「学習のための机とイス」を持っていない**という事実でした。彼らは、ご飯を食べるためのちゃぶ台（こたつ）しかない家に住んでいたのです。

どれだけ課題を出してもやってこない子どもたちに、塾が休みの日に「自習室」を開放してあげると、これまで課題をほとんど出さなかった生徒がやってきて、自習を始めることがよくありました。

社会人の一人暮らし、それも部屋があまり広くない場合、学習用の机とイスはなおざりにされやすいものだと思います。しかし、「自宅で机に向かって学習する」やり方は、誰もが最も集中でき、効率のいい学習の形であると僕には強く感じられます（ちゃぶ台に変な体勢で座ったまま過集中に入ると身体を壊しますし、気が散りやすく過敏な発達障害傾向の方がカフェの雑音に負けずノマドワークできるとは思えません）。

まずは6畳間の片隅に、「これが俺の知的生産拠点だ」と思える、使いやすく居心地のいい机とイスを置いてみてください。それはあなたの人生に、必ずよい影響を与えてくれます。

なお、Hack19では、在宅ワークに最適化した僕の机まわりを紹介しています。知的生産拠点はどんなにスペースが小さくても安物でも、「まずは設置する」ことが大事ですが、もし使いやすさを極めたい方は、参考にしてみてください。

まとめ

- 発達障害サバイバルで、「知識」は大きな武器になる
- 人は、ちゃぶ台では永遠に勉強しない
- 小さくていい。自宅の一角を「知的生産拠点」にしよう

Hack

04

「ぶっこみ収納」で、汚部屋から脱出せよ

●発達障害的片づけの最重要アイテム「本質ボックス」

みなさん、お部屋は片づいていますか？　僕は「部屋をきれいに保つ」ということが大変苦手です。モノの整理・収納とかいう意識の高い問題の前に、「部屋がモノとゴミであふれる」という悲劇が起こってきます。

気がつけば空のペットボトルが机に立ち並び、足元には使いさしのペンが何本も転がり、コンビニ弁当のゴミを突っ込んだビニール袋が床を占拠し、いつか使ったドライバーとガムテープがテーブルの上で重なり、その横に大切な印鑑と大事な書類が転がっている。ただでさえ社会生活に難を抱える僕たちが日々を生きる上で、このような事態はなんとしても避ける必要があります。「モノを探す」能力が極端に低い僕にとってこれはまさしく死活問題でもあります。

そのために、僕が以前から提唱しているライフハックが**「本質ボックス」**です。これは**「部屋の中で定位置が決まってないモノは、全部ひとつの箱にぶっこむ」**というやり方です。

この箱を導入してから「どこにあるかわからないから部屋の中を探す」という行動をしなくて済むようになり、生活は劇的に改善しました。発達障害者にとって、「**見えないモノは存在しない**」。だからこそ、「絶対にここを探せばある」という安心感が大事なのです。

僕の前著を読んでいただいた方にはおさらいになりますが、運用のルールも大事なので書いておきます。

【本質ボックスのルール】
- 箱は、中身が見えるスケルトンか、網目状のもの。フタはつけない
- 本質ボックスは、最大3つまで。それ以上増やさない
- 本質ボックスからモノがあふれたら、捨てる

●デカいゴミ箱を3つ用意せよ

この本質ボックスで「保管すべきモノ」の片づけは解決したのですが、僕の部屋にはその後新たな問題が発生しました。ゴミが部屋にあふれたのです。

僕は飲み終わったペットボトルを捨てるために、歩いてゴミ箱に向かうことがどうしてもできませんでした。結果、デスクの上には常に数十本のペットボトルや缶が積み重なり、地層が形成されました。さらに、机の上の書類や筆記用具、ガジェット類と混ざることで、デスクでする作業もゴミをかき分けて行う事態に……。

そこで僕が開発したのが**「ゴミ箱が来い」**ハックです。これは**「自分が座る場所のすぐ横に、ゴミ箱を置く」**という、極めてシンプルなものです。

こう書くと部屋が広いと思われがちなのですが、僕の家のデスクからゴミ箱までの距離は、たった10歩ほどです。でも、僕にとってはこの距離が、パプアニューギニアより遠い。「俺はゴミ箱まで行けない。ゴミ箱が来い」。これが僕の結論です。

そこでデスクのすぐ横に、ペットボトル用と可燃ごみ用のゴミ箱をひとつずつ設置したところ、これが劇的な作用をもたらしました。部屋が汚れていく速度が格段に遅くなり、汚部屋を回避できたのです。

ゴミ箱のルールは次の通りです。

【ゴミ箱が来いのルール】

・ゴミ箱は「45リットル・プラスチック製・フタつき」を3つ用意する
・あなたが最も時間を過ごす場所から「手が届く場所」に、2つを設置する
・3つめは予備。2つのゴミ箱があふれたらベランダ（庭）に出し、予備を使う

●汚部屋は「混在」から生まれる

モノの状態は、常に移り変わっていくものです。たとえば、ティッシュの箱を想像してみてください。中身が入っているうちは、それは「定位置が決まっているもの」でしょう。テーブルの上なんかに置いてありますよね。しかし、これが空になったときそれは「ゴミ」になります。この「ゴミ」が正しくゴミ箱に移動しないところから、物品の堆積が始まってしまうのです。本質ボックスがなければ「保存しなければならない物品」の上にゴミが地層のように重なっていくことも起きるでしょう。床に「地

層」が形成されてしまえば、それは膨大な発掘と選別の作業が部屋の修復に必要とされてしまいます。自宅の考古学にはもううんざりです。

本質ボックスとゴミ箱を使うことで、部屋の中に存在するあらゆる物品は3種類に仕分けることが可能になります。

1　本質ボックスの中身（定位置は決まっていないが保存する必要があるもの）
2　定位置が決まっているもの
3　ゴミ

僕の膨大な失敗経験から結論します。この3つが混在してしまうこと、これが汚部屋の発生原因です！　すなわち、この3つが分離されてさえいれば、大きな問題は起こりません。さまざまな収納グッズを購入しては使いこなせなかったみなさん。とにかくシンプルに「ぶっこみ」で、やっていきましょう。

まとめ

- **汚部屋とは、あらゆるモノが「混ざった」状態**
- **収納グッズはいらない。本質ボックスとゴミ箱にぶっこめ**

Hack

05

「いつも何かを探す人生」を断ち切る神ツール

●ベルトが見つからないから商談に遅刻

僕はこれまでの人生、いつも何かを探していたような気がします。なんかちょっと詩的なフレーズですが、すいません、実際のところは「出かけようと思ったらカギがない」「財布が見つからない」というしょうもない話です。

僕はベルトが見つけられなくて遅刻したことが、これまで数えきれないほどあります。不動産の大切な契約書をいただく日に気合いを入れて早起きしたのに、まさか「ベルトが見つからないので遅刻します」とは恐ろしくていえませんでした。

家のカギ、バイクのカギ、スマホ、財布、ベルト……こういう「３６５日、毎日使うモノ」を失くしては大騒ぎしていると、人生は前に進みません。一見くだらないことに思えますが、毎日のことなので、その積み重なった時間的な損失と精神的ダメージは、人生をじわじわ侵食してきます。

いくら予備を多く持っていたとしても、突然発生する「あれっ、ない？」を完全に

発達障害の魔法の道具「キーファインダー」

リモコンは、テープで机に固定。子機との対応も、必ず貼り付ける（画像は著者撮影）。

回避することはできません。だから、カギが見つからないときは、「おいカギ！　どこだ！」と叫んだら「ここです」と返事をしてくれる——これが理想です。最近、この望みが、「キーファインダー」という道具で実現することが判明したのです。

●20年の苦しみが5000円で解決！

このキーファインダー、財布や定期入れといったものにタグをつけておくと、リモコンのボタンを押せば対応するタグからアラーム音が鳴るシンプルな仕組みなのですが、探しものにこれ以上便利なものはないと断言できます。2500円ほどでタグが6個ついてきますので、

２つも買えば日常の中で起きる「あれっ、ない？」の時間を限りなくゼロにできます。

僕が小学生時代から、20年以上苦しんできたことが、たった５０００円の出費で解決できる。この事実にちょっと落ち込んでしまいそうですが、問題の解決とは得てしてそういうものです。固い誓いも揺るがぬ決意も、５０００円で買った道具にかなわないのです。僕はベルトにさえこれを装着しています。

ちなみにこの神ツールには「リモコンを紛失する」という落とし穴があります。僕も１個紛失してすべてをパーにしましたが、現在はデスクの横に強力な両面テープで貼り付けてあります。発達障害のみなさん、「固定できるものは全部固定する」は大事なライフハックです。キーファインダーを購入するときには強力な両面テープを同時に買うようにしましょう。

まとめ

・家のカギ、バイクのカギ、スマホ、財布、ベルトには返事をさせよう

・キーファインダーのリモコンは、机に両面テープで固定せよ

発達障害「心の格言」
目を離すと
モノは逃げる。
視界の外には
ブラックホールがある。

CHAPTER 2

［お金］

貧困と借金から学んだ
マネーハック

発達障害サバイバルの大原則【お金編】

必要なのは「金を稼ぐ」技術より「貧乏でもやっていく」技術

「生活のお金」には困ったことがありません

僕は「借金玉」という名前で文章を書くお仕事をしているのですが、なんでこんな名前になったかといえばそれはもちろん借金があるからです。かつては従業員が10人くらいの会社を経営していました。そして、いうまでもないことですけれど、その会社は破綻してしまいました。

大学を出て、一度は大手金融機関に勤務していたのですが、仕事がまるでできなかった僕は、人生の一発逆転を目指して起業をしました。出資者を見つけて数千万円の出資を受け、一時は好調に乗ってこれまた数千万の銀行融資を受けて事業を拡大しました。でも、その事業は僕の20代の終わりとともに破綻し、会社を清算して売れるものを全部売り払っても僕に残ったのは２０００万円ほどの借金だけでした。

ただ、幸運だったこともありました。出資者（僕のせいで数千万円をドブに放り投げてしまった人、債権玉と呼んでいます）が、銀行融資の肩代わりを申し出てくれたのです。おかげで僕は破産を免れ、その代わり自分の会社の持ち株のすべてを出資者に譲渡し、２０００万円の借用書を書きました。

僕は会社法人名義で活動をしているので、もちろんこの本の印税も会社に入るわけですが、会社に入るお金は僕のお金ではありません。それどころか、僕の本の著作権は会社が持っていますので、僕は僕自身の書いた本の権利すら持っていません。まさしく持っているものは借金だけ、それが私借金玉でございます。何卒よろしくお願いいたします。

そういうわけで、僕はお金を稼ぐ能力が高いとはお世辞にもいえないのですが、実は「お金に困って今日のご飯が食べられない」経験をしたことはありません。それは僕が**「乏しい収入で生活を維持するスキル」**を身につけているからです。これは僕の長年の貧乏生活の賜物《たまもの》で、数少ないまともな能力です。

重要な2つの概念――固定費と投資

一方で「お金はあるのに破綻してしまう」人たちもたくさん見てきました。僕が月収6万円の暮らしを維持しているのに、1カ月20万円の収入があっても借金地獄に陥ってしまう友人がそれなりにいました。友人のアパートを訪ねたら、郵便受けから消費者金融の督促状があふれているあの光景はなかなか衝撃的でしたね。

生活を破綻させてしまう友人たちの中で、「贅沢をやめられない」とか「ギャンブル依存症」みたいなタイプは（もちろん一定数いますが）決して多くはありません。

彼らの問題は、

- **固定費**
- **投資**

という2つの概念が、決定的に欠如している点にありました。「自分では贅沢しているつもりはないのに、お金がどんどん消えていく」。これらが彼らの共通点だったのです。

　収入に対して家賃や通信費、あるいは交際費といった必要不可欠な経費の割合が大きすぎる。これは「固定費」の問題です。毎月コンスタントに5万円なり10万円なりの生活費の不足がある場合、生活をまるごとつくり変える以外なんとかする手段はあり得ないのですが、これを実行する人はほとんどいません。

　もうひとつ、貧乏ゆえに生活費を下げようとちまちま節約をしている人は、「投資」の有効性を理解していない場合が多い。これも大きな罠です。自炊をするためには調理器具が必要ですし、クリーニング代を節約するには洗濯機が必要です。コスト削減のためにはコストをかける必要がある。このことを、忘れてはいけません。

　CHAPTER2では、「固定費」と「投資」の2つの概念を軸にしながら、少ないお金で人生をやっていく方法をお伝えします。お金を上手に稼ぐ方法は意識の高い自己啓発書に任せるとして、僕らは僕らなりのお金との付き合い方を学びましょう。人生において恐れるべきものを、ぐっと減らすことができます。

Hack

06

「世界一ラクな家計簿」で浪費が止まる

クレジットカードはすごい！

●家計簿をつけるのは無理です

正確な支出の把握は節約の第一歩です、家計簿をつけましょう。

僕がかつて読んだ本にはそういうことがよく書いてありました。そして、僕も何度となく家計簿をつけることにトライしてきました。その結果として、このような結論が出ました。**無理です。**

いや、実際僕だって何度も挑戦はしたんです。しかし、発達障害のせいなのかあるいは生来の怠惰さなのか、とにかく無理でした。小学生の頃「お小遣い帳」がつけられなかったときは「大人になったらできるようになるだろう」と考えていましたが、こうして無事に34歳児となった今は「無理なもんは無理だ」と認める他ありません。

しかし、現代は便利な時代です。支出の記録を無料で行ってくれる（それどころか、ポイントまでくれる！）存在がいるからです——それは、クレジットカードです。**クレジットカードの最も優れた点は、キャッシュレスうんぬんではなく「無料帳簿作成サービス」**だと僕は考えています。いつでもネットにさえつなげば利用明細を確認できる利便性を使わない手はありません。

とにかく難しいことは何もいいません。日常の決済を1枚のクレジットカードに絞ってみてください。毎月決まった日に支出を確認しろなんてこともいいません。思い立った日に確認すれば十分です。僕が使っている楽天カードは、4カ月分の明細がアプリからいつでも確認できるのでとても便利です。

●機械的な記録で「事実」を把握せよ

クレジットカードの明細を眺めていて思うことは、**人間の「支出を把握する能力」は思った以上に感覚的で正確さを欠く**ということです。「お金を使いすぎた」と感じるのはたいていの場合、突発的な大きい支出があったときなのですが、実際のところ家計に大きな影響を与えているのはもっと恒常的でだらだらとした認識に残りにくい支出のほうです。

僕はこの間、「最近タクシーに乗りすぎだ」と感じてクレジットカードの明細を見てみたのですが、実際のところタクシー代は大きな問題ではなく、むしろコンビニエンスストアでやたらとお金を使っている事実に直面させられました。お菓子、雑誌、たばこ、お弁当など、書くのも恥ずかしいほど些細なものですが、用もないのにコンビニで消費することが増えるのは、僕にとってのストレスがたまっているサインなのです。そして、コンビニで食事をまかなう頻度が増えすぎていることも明らかになりました。生活の問題は、そのほとんどがお金の流れに表れてくるのです。

クレジットカードの明細は事実だけを機械的に記録してくれるので、1カ月単位で見返すと自分の支出傾向が完全に見えてしまう。これは本当に便利です。数回乗ったタクシーを気に病んで、生活の本質的な問題が全く見えてないという状況は、僕に限って起きることではないでしょう。本当に感覚はあてになりません。

●クレジットカードがなんとなく怖い人へ

僕は20代の初めくらいまでクレジットカードをほとんど使わない人でした。正直、なんとなく怖かったのです。大学生の頃に一応使った時期はありましたが、1カ月単位でまとめて請求が来るあの感じは恐怖でした。「自分はこんなにお金を使ってしまったのか」という事実と向かい合うのって怖いですよね。まして、口座にお金が足りなかったりしたら……。キャッシング枠なんてものは借金地獄の入り口みたいに見えていました。もちろん、何度か頼ったことはあったにしても。

しかし、断言します。現代においては、「支出管理」の面でクレジットカードは明らかに現金に勝ります。

「毎日コツコツ支出を記録する」ことが素晴らしい習慣なのは僕も認めます。僕もそれができたらなんて素晴らしいだろうと感じるのは事実です。でも、できないのです。できないことはできないとあきらめ、自分に可能な「思い立ったら確認できる状態をつくる」ことに専念するほうがずっと建設的です。

今年も家計簿がつけられなかったみなさん、とにかくクレジットカードをつくり、カードアプリをスマホに入れましょう。パソコンからも見られるようにしましょう。とても面倒ですが、毎月の各種支払いをクレジットカード払いにしましょう。

それだけであなたの生活は変わります。

まとめ

- クレジットカードは「支出管理」の最強ツール
- 僕らは浪費の問題を、「感覚的」に捉えることはできない
- 光熱費、家賃、携帯電話など、支払いはすべてクレジット払いに一元化せよ。面倒だけど、頑張る価値はある

Hack

07

多重債務生活を今度こそ終わらすたったひとつの方法

●多重債務者に抜け落ちた「固定費」の概念

僕は貧しい時代が長かったので、友人知人にそれなりの数の多重債務者がいました。多重債務者が多重債務者になる理由、それは多くの場合「生活の固定費」という概念が抜け落ちてしまっていることにあります。

彼らはたとえば収入が25万円なのに家賃12万円の家に住んでいたり、ソシャゲへの課金が趣味なうえに格安キャリアを利用していないため、スマートフォンの請求が5万円を超えていたり、あるいは人付き合いの外食や飲みでコンスタントに数万円を使っていたりします。誰でも一度はそんな人を見たことがあると思います。

僕は、彼らをなんとかしようと試みたことが何度もあります。それは多くの場合ムダな努力でした。人は長年染みついた生活パターンを変えることが、なかなかできないものなのです。変化に弱い発達障害者の場合、その傾向は強くあります。

しかし、これまでひとつだけ効果を発揮したやり方がありました。それは、**「引っ越しをする」**というものです。僕の友人で、合計３００万円以上の多重債務地獄から見事立ち直った男がいます。彼が多重債務から立ち直った最大のきっかけは、「まとまったお金を友人たちから借りて、引っ越しをして生活を立て直した」ことでした。この仲間で金を出し合う「人間立て直しプロジェクト」には僕も参加していたのですが、これまで彼が住んでいた家賃ばかり高くて荒れ果てた部屋を出て、だいぶ郊外に部屋を借りました。今度はきちんと冷蔵庫も洗濯機もそれなりの布団も机もしっかりと購入させ、新しいパソコンまで与えました。結果、彼に長年ついて回っていた浪費癖やギャンブル癖をかなり抑えることに成功したのです。

　いってしまえば単純なことなのですが、生活費が不足して借金がかさんでいく原因は、そもそも生活のスタイルが収入に見合っていないこと。「節約しなければ」と考えて、なんとなくちょっと安いお弁当を買ったり、あるいは服や靴などの購入を我慢したりといった、日常感覚に根差した「節約」はたいていの場合なんの効果も発揮しません。だから生活を立て直すには、生活スタイルを根こそぎ変えてしまう。この一手には有効性があるのです。

●浪費するのが「めんどくさい」場所に引っ越す

人間のお金の使い方は「住んでいる場所」に大きく規定されています。 家賃が一番に思い浮かぶかもしれませんが、それだけではありません。

外食が多い人は、たいてい会社帰りの駅前にラーメン屋がある最寄りに住んでいますし、繁華街の近くに家があれば、友達にすぐ呼び出されるのでいつの間にか交際費や飲み会費用が増えます。毎週末パチンコ屋に吸い込まれてしまうのは、パチンコ屋が通える範囲にあるからなのです。

一方で、僕らは「めんどくさい」感情に勝つことはできません。発達障害の方はなおさらその傾向が強いでしょう。この特性を、生活リセットにうまく使うのです。要は、浪費する原因から、物理的に遠い場所に引っ越せばいいのです。引っ越しをすれば、現状の収入と返済を踏まえて持続可能な家賃の部屋を選ばざるを得ないですし、強制的な生活リセットをかけられます。ついでに、借金を増やしていってしまう悪い習慣とも「**物理的に**」距離を取ることができます。

何より大きいのが、引っ越しの住所変更をする手続きの過程で「自分が生活するために最低限の固定費が月々いくらかかっているのか」を把握し直すことができます。そんなことは引っ越ししなくてもできる、というのは甘い考え方です。僕にお金を借りにきた人に、「あなたの収入と支出の概算と、毎月の生活固定費を教えてください」と尋ねてみて、正確な回答が返ってきたことはほとんど記憶にありません。そして、それは仕方ないことだと思います。支出の把握は「なんとなく」できることではありません。そして「できていない」という実感を得ることすら難しいのです。

●引っ越し資金をどう調達するか

こういうことを書くと「引っ越しする金がない」といい出す人がいると思います。これについては妥協せず、あなたの信用をフル稼働して、必ずお金を集めてください。「自分は生活を変えたいのだ」と相談して誰かから借りてもいいですし、もちろんリスクはありますがカードローンなどを用いるのも決して悪いことではありません。もちろん、この目論みが甘いものであればそれはあなたの人生に突き刺さる釘になってしまうので、引っ越し後の収入やコストなどを徹底的に計算する必要はありますが。

「支出を減らすために（借金してまで）支出する」と聞くとナンセンスな話に思えるかもしれませんが、「コストを減らすために投資する」といい換えればあたりまえのことですよね。「コストをかけずにコストを減らせ」――これはほとんど旧日本軍の精神論です。しかし、お金と余裕がなくなるとこの簡単な道理がわからなくなってしまうところが人間にはあります。コストカットのために、コピーの裏紙を使うように社員をどやしつける会社に未来があると感じる人はあまりいないでしょう。その感覚が何より大切です。**企業も家庭も、コストを下げるには、コストをかけるしかないのです。**

まとめ

- **借金生活をリセットする方法は、引っ越ししかない**
- **住む場所を変えれば、生活が変わり、お金の使い方が変わる**
- **気持ちを変えるな、物理的に変えろ**

Hack

08

「貯金0円」の発達障害者が100万貯める技術

貯金は余剰

●サバイバルにおける貯金の定義——節約ではなく余剰

最近友人の経営者からこんな話を聞きました。

「ゼロから100万円貯金するのは、100万円を1000万円に増やすよりずっと難しい」

これは、僕の実感からいっても真理だと思います。確かに、100万円を元手に1000万円稼いだ知り合いは何人もいますが、いわゆるスッテンテンにお金がないところから100万円を貯めるほどに生活を立て直した知人は、残念ながらほとんどいません。逆にいえば、ゼロから100万円貯める技術を身につければ、人生は結構うまくいくといえるのではないでしょうか。なにせ、人生に転んでもそこから再度復活する能力です。少々大げさですが、ゲームでいえば残機無限というやつです。

しかし、ここで曲者なのが「貯金」という言葉です。「貯金0円」の人ほど、この言葉の定義を間違えています。

発達障害サバイバルにおける貯金の定義。それは「毎日生活していたら、自然に積み上がる余剰」です。決して、貧しい生活をさらに切り詰めて「ひねり出す」ものではありません。

●生活に無理があると、浪費をしてしまう

では、貯金０円、あるいはマイナスの借金玉から余剰を積み上げるためには何をすればいいのか。

結論は「家での生活を楽しむ」ことです。

「どこにも書いていないすごい貯金テクニック」を期待した人は、拍子抜けしたかもしれません。多くの人が忘れがちなのですが、**僕らが最も安く過ごせる場所は、「自宅」**です。どんなに高いコーヒー豆を買ったとしても、家でコーヒーを淹れて飲めばせいぜい1杯50円ですが、喫茶店ではコーヒーは５００円します。家でちょっといいクラフトビールとおつまみを食べるのと、居酒屋で「ちょっと一杯」は桁が違うでしょう。

お金を使いすぎてしまう人は、たいてい家を中心とした「生活の基盤」ができていません。生活に満足できないと、誰でもストレスがたまります。結果、外に出て消費・浪費をしてしまうのです。

これは僕にも覚えがあるのですが、本当にお金がなく家の電気すら止められている男が、不意に２万円を手に入れたとします。そんなとき、「よし、この２万円で米を買って電気代を払おう」と普通の人の意志力ではなかなか思えません。彼には、家に帰ってポン酢をかけたご飯で腹を塞いで寝ることに耐えるだけの気力が残されていません。

結果として、彼は回転ずしにフラっと入り、ビールを飲んですしを食べたら勢いがついてしまってキャバクラに向かい、翌朝には生活を立て直すお金なんて１円も残っていないことになります。あまりに典型的な「クズ」の描写ですが、苦しい生活は、人間の意志力をどこまでも削ります。これは、むしろ「仕方ないこと」なのです。

この**「金が入った」「金がない」の悪循環**をくりかえす限り、永遠に「余剰」は生まれません。

●生活投資はそれ自体が楽しい

「家での生活を楽しむ」ためにどの程度の利便性が必要かは人によって大きく違いますが、そこには、必ず「投資」が必要になります。

僕は発達障害（ＡＤＨＤ）を持っているため、普通の人よりできることが圧倒的に少ないです。だから生活の利便性は高ければ高い方がいい。そういうわけで、ひとつひとつ自分の周辺を便利にしていく投資を、長年続けてきました。炊飯器を買い、掃除機を買い、洗濯機を買い、食洗機を買い……いわば生活をより便利に「構築」し続けることが人生の習い性であり、同時に楽しみとなっています。

昔、乏しい懐からちょっとだけよい炊飯器を買ったときのことをいまだに鮮明に思い出せます。「マズイメシ」はこれほどストレスだったのかと、なぜ自分がお金もないのに外食をしてしまうのかに気づいたあの衝撃はとても大きかった。人生を変えたといっていいでしょう。

ひとつ、またひとつと生活を積み上げていく。一文無しから始めた人生が積み上がっていく喜び、部屋が少しずつ豊かになっていく楽しさ、それを味わっていたら、赤字だった僕の預金通帳には、2万、3万、10万……と、少しずつ余剰が積み上がっていきました。

生活が「積み上がっていく」。これは人類最古の喜びのひとつだったのではないでしょうか。食うや食わずで生き延びていた狩猟採集の民が、安らかな眠りや温かな住処、便利なカマドや井戸、森まで毎度拾いに行かなくてすむ薪小屋を手に入れ、そこから生まれる余暇が人間を幸せにしてきたのだと思います。あなたの人生にも、このとても旧くしかし永遠に色あせない幸福を、取り入れてみてください。

まとめ

- **なんとなく節約しても、貯金は増えない**
- **生活を楽しむと、支出が減る。その余りが貯金**
- **余剰ある生活のためには投資が必要**

Hack

09

食費を減らしたいならスーパーに行くな

●食費が減らない「根本原因」を取り除け

僕は飲食店を経営していたこともあり、料理は結構得意です。料理イベントを開いてお客さんにふるまったりもしますし、20人入るお店の厨房を一人で回すくらいの調理スキルはあります。しかし、それでも定期的にスーパーに買い物に出て冷蔵庫に常に食材がある状態を維持することができません。どれだけ努力しても無理でした。

しかし、最近は非常に便利なものがあります。インターネットから注文ができるスーパーマーケットと、Amazonパントリー（※食品、日用品などをひとつの箱に詰めて届けてくれるサービス）です。僕の買い出しは9割方これでまかなわれています。

やり方はとてもシンプル。まずは、「食べ物は全部ネットで買う」と決めて、実行してください。西友でもイトーヨーカドーでも構いません。あなたの近所のスーパーの配達サービスと、Amazonだけで必要なものをまかなってみてください。これにより

- **家に食料がないので外食してしまうお金**
- **スーパーで「お得だから」と衝動買いして、結局腐らせてしまった食材のお金**

・スーパーまで行くあなたの時間（時間はお金です）

を今すぐ削減することができます。

この話のポイントは、個々の食材の値段や配送料といったちまちました部分は潔く無視すること。そして我々発達障害者にありがちな「家に食料がない」から発生する、本質的で大きな金額に目を向けることです。家に食べ物がなかったからウーバーイーツも呼んでしまうし、外食もしちゃうんですよね。それに比べたら、食材の値段差なんてあまりに小さいことです。

もちろん、スーパーのチラシをきっちりチェックして数十円単位の値段を比較検討し、にんじんの一本までロスなく使う完璧超人にとってこんなライフハックはほとんど意味のないものだと思います。しかし、ついつい買い物に行きそびれて冷蔵庫にしなびた玉ねぎしかない……という状況になってしまう僕やあなたにとっては、大きく人生を変えるものになります。そして何より、ラクです。

●「補給」の訓練をする

食料に限らず、ＡＤＨＤ傾向の方の家でよく起こるのが**「万物が欠乏する」**現象だと思います。出かけようとしたけど、歯ブラシも洗顔フォームも、食パンも水も、挙げ句の果てにベルトもない……これを解決するには生活に必要な物資を、必要になる前に購入する「補給」というスキルが必要です。正直、僕らにとっては結構高度なスキルなのですが、この「補給」のトレーニングとしても、ネットスーパーは最適なのです。

初級編として、まずミネラルウォーターの50本セットを買ってみてください。そして、それが減ってきたら、ポチっとする習慣をつけてみてください。「なくなってから焦る」のではなく「残り10本で注文する」。これがルーチンになれば、トイレットペーパーにもティッシュにも、米にも応用可能です。

スーパーまで歩けない人にはスーパーが来てくれる時代。活用していきましょう。

まとめ

- **家に食べ物が十分にあれば、間違いなく支出は減る**
- **送料や単価は、とりあえず気にしない**
- **ペットボトル50本を買い、「補給」の練習をしよう**

Hack

10

借金はちょこちょこ借りるな

信用第一！

●いい借金と悪い借金

僕の名前は借金玉です。

かつて、会社経営の中で大きな借金をしたときに自嘲としてつけた名前が、気づいたら仕事上のペンネームになってしまうなんて悪い冗談みたいですが、とにかくその名に違わず借金があります。大変お恥ずかしいことに、２０００万円ほど。かつて会社をコカしたとき、出資者（債権玉氏）に銀行融資を肩代わりしてもらった借金です。要するに、「会社を起こして大儲けします！」と大見得を切ったあげく失敗し、しかも銀行に借りていたお金まで「おかわり」で返してもらったという本当に情けないお話です。そんな借金スペシャリストの僕から、「いい借金」と「悪い借金」についてお伝えしたいと思います。

先に結論を書くと、借金のルールは次の通りです。

【いい借金3原則】
・借金は、一人から借りる
・相手が「返してほしい」と思う大きな額（できれば100万円以上）を借りる
・少額（5万円以内）をたくさんの人から借りることは、絶対に避ける

●重要なのは信用

なぜ、ちょこちょこ借りてはいけないのか。それは、**人生サバイバルに最も重要な「信用」を毀損しない**ためです。

日本社会はありがたいことに、お金がないと飢え死にしてしまう状況ではありません。素《す》寒貧《かんぴん》になってしまっても、生きていく意欲さえ失わなければどこかに再起のチャンスは転がっている社会だと思います。しかし、チャンスは往々にして他者との関係性の中から生まれてくるもの。もしあなたが誰からも信用されない、数万円のお金すら返さないだろうと思われている人であれば、再起や成功のチャンスは極めて乏しいものになるといわざるを得ません。

たとえば、あなたが誰かに3万円を貸したと考えてみてください。実際に貸したことを思い出してみてもらってもかまいません。この人が平たくいえばバックレた場合、あなたは10回電話をかけて「金返せ」と督促をするでしょうか？　何度も家まで訪ねてドアをガンガンノックするでしょうか？　おそらくはしないと思います。あなたはきっと少し悲しい気持ちで、その人を頭の中の「友人」フォルダから削除するでしょう。

わずか3万円に、そこまで手間と時間をかけてくれる「本当に優しい人」は、そうそういないのです（例外はいわゆる取り立て屋さんですが、この人たちはノルマを達成しなければならない職業人に過ぎません）。

少額の借金がさらに悪いのは、たかが数万円のお金にも窮している状況そのものが「信用できない」と断定される材料になってしまうことです。それはいわば、**あなたの信用をドブに投げ捨てて得る「手切れ金」**なのです。

●借金が大きいほど、債権者は味方になってくれる

一方で、お金を「絶対に返してほしい」と考えている債権者（お金を貸した人）は、実のところあなたの最良の味方とすらいえます。というのも、債務者（お金を借りている人）が潰れてダメになってしまったら、絶対にお金は回収できないのです。利益相反の一切ない、極めて強固な関係がそこにはあります。借金の額が大きければ大きいほど、この関係は強くなります。その上、あなたにそれだけのお金を貸す人が存在することそのものが、さらなる信用となる場合さえあります。

もちろん、僕にお金を出してくれた債権玉氏が、何を考えて僕に追加のお金を貸しつけたのかは正確にはわかりません。しかし、少なくとも僕が銀行融資を焦げつかせて破産すれば、出したお金が戻ってくる可能性は限りなくゼロになる。そういう計算があったことは間違いないでしょう。

お金を失うことは怖くありません。いや、嘘です。めちゃくちゃ怖いです。いまだ

に会社が破綻した頃の夢を見て泣きながら布団からハネ起きることが僕にはありま
す。しかし、それ以上に信用を失うことは恐ろしいのです。それは、あなたのチャン
スが、あなたの未来が目減りすることです。どうか、あなたの未来を目減りさせない
正しい選択をしてください。

まとめ

- **お金を失うことより信用を失うほうが怖い**
- **「借金3原則」を厳守せよ**
- **借金の額が多いほど、それを貸してくれた人はあなたの味方になる**

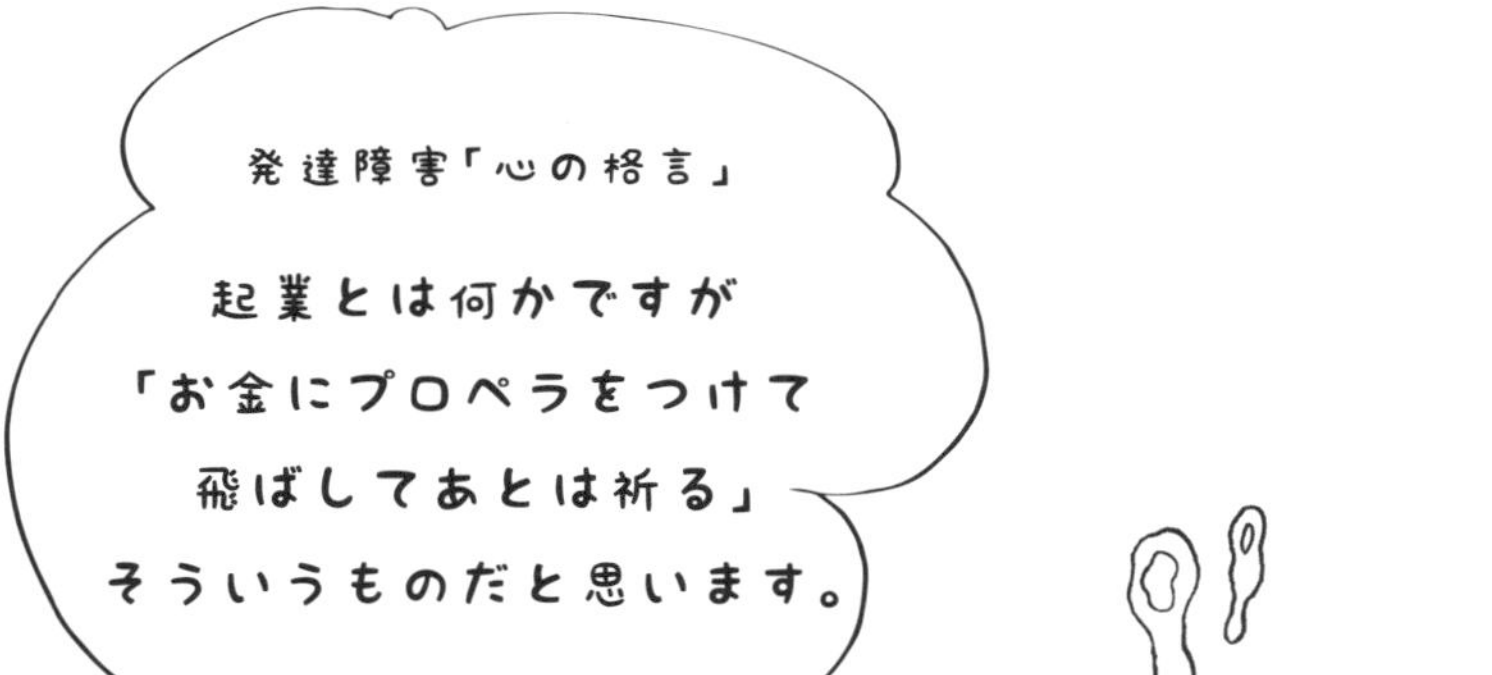
発達障害「心の格言」
起業とは何かですが
「お金にプロペラをつけて
飛ばしてあとは祈る」
そういうものだと思います。

CHAPTER 3

［習慣］
くりかえしが苦手な
僕らの365日ハック

発達障害サバイバルの大原則【習慣編】

生活の「スタートコスト」を下げろ

やるべきことに取り掛かるためのハードル＝スタートコスト

昔、東京大学を卒業した知り合いに「なぜ、毎日そんなに勉強を頑張ることができるのか」と尋ねてみたことがあります。

「勉強を『頑張る』という感覚がわからない」と彼はいいました。

「自分にとって勉強をすることは、毎日寝る前に歯を磨くくらいあたりまえのことだから、ことさらに頑張ろうと考えたことはない」と。

「僕は歯を磨く気力を出せない日がよくある」と返すと、彼はとことん「わからない」という顔をしました。人と人がわかり合うのはとても難しいことですね。

たいていのものには「やるべきことに取り掛かるためのハードル」が存在します。

これを僕は、「**スタートコスト**」と呼んでいます。

普通の人が、スタートコスト1でできることが、僕はスタートコスト10かけないとできない。発達障害の僕らが「習慣化」を苦手とする理由は、ここにあります。実際僕は毎日「歯を磨くぞ！」と両手で顔をたたいて気合いを入れる必要がありますし、うつがひどくなってくると、お風呂に入ることさえ難しくなります。

この人間一人一人の間に横たわるあまりに大きな差について、僕たちはまず認め、少しずつでも改善していく必要があります。

「この一手を減らせないかな？」と常に考える

試行錯誤の末に僕がたどり着いたのが、「外部環境によって、スタートコストを極限まで下げる」ための工夫でした。

具体的な方法は次の3つです。

・一元化：必要なモノが分散せず、手が届くところにある
・常時一覧化：毎日やらなければいけないことを「目に入るように」セットする
・省エネ：「やるぞ」という意思決定コストを普段から節約する

スタートコストの削減はお金を使って設備を整える、いわゆる「投資」が必要な場合もありますが、その一方でほんの些細なことで削減できるものも少なくありません。毎日の生活の中で常に「この一手を減らせないかな？」と考えるクセをつけてみてください。

たとえば僕の本当にささやかながら効果的な習慣として、

・パソコンの電源は落とさない
・書きかけのワードファイルはすべて開きっぱなしにしておく
・デスクがどれほどめちゃくちゃでも、パソコン作業だけはできる環境を維持する

これらを実践しています。僕にとって、書くべきワードファイルを探して開く行動すら、あまりにハードルが高すぎるのです。これに「パソコンの電源を入れる」「デスクを片づける」まで入ってくると、もはやそこで「詰み」なのです。

「できないことはできない」から始めよう

「みんなができることができない」無力感が、僕の人生にはずっとついてきました。それは発達障害のせいかもしれないし、あるいは僕の努力が足りなかったのかもしれません。おそらくその両方でしょう。しかし、サバイバルとは手に入る資源で生き延びていくことです。いきなり理想の自分に近づいていく努力をする前に、まずは日々を苦しまずに生きられるようになることが先決です。

あなたは東大を卒業した僕の友人みたいに、毎日当然の習慣として勉強をしたり、あるいは毎日早起きして筋トレをしたりすることはできないかもしれません。でも、今ある資源を最適化することならいつだってできます。

どうか、「自分は怠けている」という結論に安住しないでください。できないことはできない、ないものはない。いつだってそこから始めていくしかないのです。

まずは今日を、やっていきましょう。

Hack

11

「1日1箱」で習慣を固定しよう

箱をのぞきこむだけ

●やることは「箱をのぞきこむだけ」

「毎日やりたいこと、続けたいこと」が、誰しもあると思います。たとえば、資格試験の勉強だったり、ちょっとしたストレッチだったり、サプリメントを飲むことだったり……そういった小さな習慣を固定していくのは案外簡単なことではありません。僕も気づいたらサプリメントを1週間飲み忘れていたり、もう20日もジムに通っていなかったりします。最後に参考書を開いたのはいつだったか思い出せないなんて、人生には本当によくあることですよね。ないに越したことはないのですが。

そこで、僕がおすすめしたいライフハックが「**エブリデイボックス**」です。これは、毎日の習慣のために必要なアイテムを、ひとつの箱に入れておくというもの。この上なく単純な方法ですが、非常に高い効果があります。

習慣が固定しない原因。それは、やるべきことが明確に1カ所にまとまっていない、分散してしまっていることにあるのです。反対にいえば「**あなたの今日やるべきこと**

はひとつの箱に全部収まっているし、その箱はあなたの部屋のいつでも見える場所にある。あなたがやるべきは、箱の中をのぞき込むことだけだ」という状況をつくれば、習慣の継続はとても容易になります（冒頭で述べた「**一元化、常時一覧化、省エネ**」ですね）。

●請求書も仕事も薬も全部ぶっこむ

エブリデイボックスはもともと、僕が毎日ちゃんと服薬するためのハックとして開発したものです。僕の家では、うつの薬は戸棚に、マルチビタミンは机の横に、喘息の薬はかばんの中に……と、飲むべき薬が方々に点在していました。結果、習慣が固定化せず、「毎日ひとつか2つの思い出した薬だけは飲んで、それ以外は忘却」の状態が続いていたのです。

持病が悪化して困った僕は、ひとつの大きな箱に薬やサプリメントをまとめてぶっこんでみました。こうしておけば複数のタスクを「毎日一度エブリデイボックスを見る」の一手に減らすことが可能です。

エブリデイボックスは中身が見える箱を使う

著者はTRUSCOの「スケルコン」（TSK-910TM）を愛用。
中が見える網目状のカゴも便利（Hack04の本質ボックスも同様）。

こうして毎日すべての薬を服薬する習慣を手に入れた僕は、ある日思い立ってそこに読みかけの本を放り込むようにしました。その結果、僕は毎日薬を飲むついでに本を箱から引っ張り出して読むようになりました。さらに調子に乗った僕は、フィットネスジムの会員証や勉強中の参考書、払うべき公共料金の請求書、返送するべき書類などもその箱の中に放り込むようになりました。結果、支払い忘れややるべき事務仕事の漏れが劇的に減りました。

●「後回しになりがちだけど重要なこと」こそ入れておく

このハックで最も効果的だったのは、「ネタ帳」を毎日開くようになったことです。僕がやっている文章を書く仕事では「原稿を書く」工程よりも「ネタを考える」工程がとても重要です。でも、アイデアを出す作業は、日々に忙殺されてどうしても後回しになってしまいます。僕は毎度〆切前になってからワードに向き合って「何を書けばいいだろう……」と悩む日々を送っていました。

それが、箱にネタ帳を放りこんでからというもの、毎日服薬をするついでにネタ帳が目に入り「そうだ仕事のネタ出しをしなければ……」と意識できるようになったのです。

こういう「**ほんとはやりたいし重要なんだが、後回しになりがちなこと**」を箱に入れておくと、知らず知らずのうちに習慣化できるようになります。

あなたが1日にやれる習慣は箱ひとつです。しかし、そのたったひとつの箱はあなたの人生を確実に変えます。エブリデイボックス、ぜひ試してみてください。

まとめ

- 習慣が続かないのは「やることが分散」しているから
- 毎日やることは「1箱」にまとめよう
- 使う箱は「中身が見えるもの」にする

Hack

12

やることパニックは「他人に」整理してもらう

●「先延ばし」と、「マルチタスク」が融合したパニック

やるべきことが「たくさん」あって、どこから手をつけていいかわからない。気ばかりがどんどん焦るけれど、やるべきことの全体像を見渡すことすらできず、時間ばかりがどんどん過ぎていく。しかもその間はひたすら焦燥感に焼かれ続け、何もしていないのに体力気力はどんどん削れていく。

やる気がないわけでは決してない、むしろそのタスクが発生したときにはやる気で満ちあふれていた。でも、そういったやるべきことがいくつも重なって気づいたら「たくさんある」としか認識できなくなってしまい、どうしても手が出なかった。そして気づけば、すべてが間に合わない時間になってしまった……。

これはＡＤＨＤ傾向を持つ人の困りごととして最も多く挙げられる状態でしょう。

僕はこの症状が非常に強く、それこそ1日に3つもやらなければいけないタスクがあるとパニックになってしまいます。ガス代を払って、市役所で住民票を取って、仕

事のメールを返す。これくらいの量ですら、体調次第ではタスクのオーバーフローが起こってしまう。

人生というのは「つまらない用事をいかに効率よくこなすか」が大きな問題になってきます。楽しくもなければ未来の足しにもならないけれど、やらなければ大きな問題が発生してしまう。税金関係の手続きなんかもそうですし、これが仕事となれば「ちょっとした雑用」すらこなせない人間に大きな仕事が回ってくることはまずないでしょう。

●「自分でタスクを整理するタスク」ができない人へ

この解決方法は実のところそう難しくありません。タスクを紙でもなんでもいいから書き出して整理する。やってみると「あれ？　書き出してみるとこんなものか」となることのほうが多いくらいでしょう。しかし、これを読んでいるみなさんの多くは**「タスクを書き出すというタスクを処理できるのであれば、最初からこんなことにはなっていない」**という気分になっているかと思います。「たくさん」あってどうしようもないタスクに、さらに「タスクを書き出して整理する」というタスクをもうひとつ積み上げればさらなるパニックが襲ってくる。残念ながら、そういうことはよくあります。

そこで、僕が提唱する対策は「週に1回、誰かに現在抱えたタスクをひと通り聞いてもらって、書き出して整理してもらう」というものです。人間というのは不思議なもので、自分のことであればパニックになってしまう話でも、「他人ごと」であれば冷静に聞いて整理することができます。

- **今抱えたタスクを全部いって**
- **それらの〆切はそれぞれいつ？**
- **それぞれはどれくらいの時間がかかるの？**
- **今入っている予定は？**

こういったシンプルな質問でひとつずつ問われれば、たいていの人はすらすらと自分の抱えたタスクを洗い出すことができます。聞いているほうはそれをただ書き留めていくだけです。

このライフハックは不思議なことに、バリバリのＡＤＨＤ同士でも有効に機能します。「他人ごと」ならできるのです。だから僕は、同じくＡＤＨＤの友人とよく「タスク整理」をZoomやDiscordなどのビデオ・音声通話アプリでやっています。

●頼る人への「お礼」を忘れずに

この話の最大の教訓は「他人ごとは素晴らしい」ということです。自分のことであれば焦燥に支配されてしまうが、他人ごとであればシビアで冷徹な分析と整理ができる。誰しも経験があることでしょう。**他人の脳は、人類が持ち得る最も優れたツール**なのです。何をやるときにも「自分でできないときは他人の脳を使う」。その選択肢を、ぜひ覚えておいてください。

なお、そういった親切をしてくれる人にはきちんとそれに見合ったお礼や報酬を忘れないようにしましょう。「本当にありがとう、助かりました」という感謝の言葉も毎回しっかり添えて。これは、本当に大切なことなのでくれぐれも忘れないようにご注意ください。何度もお世話になるうちに感謝の気持ちが失せて「あたりまえ」になってしまうのは、最悪です。誰かに「頼る」ことは素晴らしいことですが、「頼り方」というのは常に気を配るべきことなのです。

まとめ

- **僕らはタスクが3つあると爆発します**
- **週1回、誰かに「タスク」を書き出してもらう**
- **自分でできないときは、他人の脳を使おう**

Hack

13

「決断疲れ」には週1カレーが効きます

●決断で「へとへと」になっていないか

生活は、果てしなく続く決断の連続です。毎日着る服から食べる食事、限られた時間で何をするか、そういったことを逐一決めていく必要があります。決定の連続は間違いなくあなたを消耗させているのです。

僕はうつがひどくなると、この意思決定リソースが枯渇してスーパーで総菜を選ぶことすらできなくなってしまいます。笑われてしまいそうな話ですが、**「晩飯が決められない」とスーパーの総菜コーナーで涙ぐんでしまった**経験が僕にはあります。

僕の友人には、このコストを極限まで節約して経営判断に向き合っている極めてASD性向の強い経営者がいます。僕は彼を「カンペキ社長」と呼んでいます。

たとえば毎日の食事。彼は昼食を1週間単位のルーチンにしています。月曜日はラーメン、火曜日はサバ味噌定食、水曜日はうどん……とメニューはすべて固定し、自炊は一切しない。服は、スーツを繰り回すルーチンを完全に固定して、毎週決まった日にクリーニング業者が引き取りに来るそうです。さらに「買い物が大嫌いだから買い物はすべて行きつけのお店のおすすめを選ぶ、車もマンションも現物を見ないで買った」強者です。しかし、実はこのカンペキ社長、かつては破壊的な汚部屋に住んでいたそうです。そして、彼も僕同様に「生活習慣という概念がそもそもなかった」とのこと。まさに何もできないところから組み立てた「やりすぎ」ハックには大変学ぶところがあります。

●まずは週1回、月1回のルーチンを決める

カンペキ社長のやり方を全部真似するのは無理でも、考え方は大いに参考になります。僕が実践しているのは、**週1、月1のルーチンを決める**というもの。具体的には

・毎週、金曜日にはカレーを食べる
・毎月、第1日曜日には野外に遊びに行く（だいたいは釣りかツーリングです）

の2つを実践しています。この「週に1回カレー」は旧日本海軍が曜日感覚を失わないために行っていたハックですが、現代の我々にも極めて有効です。

こうして生活にルーチンを定めていくと、必然的にそのルーチンを守るためには他で調整をしなければならなくなります。日曜日に遊ぶためには、その日程を空けるべく仕事を進めなければなりません。金曜日にカレーを食べるためには、カレー屋さんがやっている時間に夕食を食べなければいけません。すると、**ルーチンを起点にして生活にリズムというものが生まれてきます。**結果として、「これから何をするかいつも決めなければいけない」状態が減り、決断コストが削減できるのです。

あなたにはやるべきことがたくさんあります。「よし、勉強をするぞ」とか「よし、この仕事を片づけるぞ」みたいな決断にもこのコストは使われています。日常の中でそれを温存していく努力は少しでもするに越したことはありません。毎日毎時何をするか決めるのではなく、「リズム」で過ごせる日をつくっていきましょう。それが「いい習慣」というものです。

まとめ

- **「夕飯を選ぶ」だけでも、僕らは疲れている**
- **ルーチンを利用して、生活にリズムをつくっていこう**

Hack

14

「風呂に入れない病」を解決するスゴ技

入って後悔する風呂なし

●ASDにとって風呂は「ストレートのウィスキー」

「入って後悔する風呂なし」

僕が知る限り、最も正しい言葉のひとつです。人生、いついかなる時であれ、風呂に入って後悔することはない。にもかかわらず、人は風呂に入れないことが多々あります。特に、ＡＳＤ傾向が強い人にとってこれはシャレにならない問題といえるでしょう。

僕もそれなりに強いＡＳＤ傾向があるので、この感覚は理解できます。というのも、風呂というのは皮膚刺激がものすごく強いのです。もちろん、シャワーの流水や湯船の温浴が苦痛なのではありません。ただ、そこに入っていくためにはかなり大きい決断が必要になるのです。

ストレートのおいしいウィスキーを想像してみてください。これをグイっと喉に落とせといわれたら、おいしいとはわかっていても多くの人は逡巡するでしょう。僕と風呂の間の距離感はそういう感じです。うつがひどくなってくると、やはり入るのが難しくなってくる。「風呂に入るぞ！」と叫んで太ももを何度もたたいてやっとのことで入浴を済ますなんてことが、僕にはよくあります。そしていつも、上がったあとは「入ってよかった」と思うのです。

それでもうつがひどいときは10日以上風呂に入れないこともあります。結果、身なりが汚すぎて外に出られず、冷蔵庫の備蓄食材も切れ、「**お腹がすいて死にそうなのにどうしてもお風呂に入れない！**」と床にはいつくばって泣くことになりました。

●風呂モチベーションを上げる3つのスゴ技

障害特性からくる風呂への苦手意識、これは仕方ありません。少しずつ、「風呂は入ったら気持ちいいし、出たらさっぱりしてやはり気持ちいい」成功体験を積み上げていく他ないと思います。

ただ、根源的な問題は解決できないにせよ、それを取り巻く多くの問題はちょっとした工夫で解決できます。つまり、入浴へ向かうモチベーションにマイナス影響を与えるものを減らすこと。そして、プラスのモチベーションをつくり出すこと、それは可能なのです。

①「掃除セット」を常備する

風呂に入れない物理的な理由としては「風呂が汚ねえ」というものが挙げられると思います。高湿な場所ですし、油断するとカビだらけになってしまう。カビの黒ずみを踏みながらなんとかシャワーを終わらせるのは、なかなかに物悲しい作業です。そこで、まずシンプルに風呂掃除道具を常に備蓄しましょう。カビキラー1本、湯船を磨く洗剤1本、そして風呂磨きスポンジ（効率を考えると大きいサイズがおすすめです）をひとつ。このセットを、風呂場に常備するべきです。

掃除には不思議なところがあります。やりたくなかった作業を始めてみたらスイスイ捗った経験が誰しもあると思うのですが、あれは作業興奮なるものが発生しているからです。そして、風呂掃除はこの作業興奮が極めて発生しやすい部類なのではないかと僕は思うのです。みなさんも覚えはないですか、ちょっとしたカビをきれいにするだけのつもりだったのに、気づいたらドアのガラスまでピカピカにしてしまった。あの掃除の後に入る風呂がたまらないんですよね。至福の瞬間のひとつだと思います。

風呂掃除における優れた点は、たとえば皿洗いのように「シンクにたまった皿を一度どかして場所をつくって並べ替えて……」のような準備作業が少ないことにあります。要するに、道具さえあれば即やれるのです。これはかなり大きい強みになるでしょう。これで、「風呂が汚ねえ」問題は回避できます。

②風呂を「エンタメ」の場にする

プラスのモチベーションをつくるのも大事です。たとえば、お風呂に持ち込める防水のタブレット。お風呂でボヤーっと眺める動画、最高じゃないですか。あるいはトウガラシやショウガが配合されたガンガン汗の出る入浴剤なんてのも楽しいです。

僕のお気に入りは「アカスリ」です。これがね、ゴシゴシやると気持ちいいんだ。皮膚刺激が強いからちょっと勢いは要りますが、あのボロっと取れるアカはなかなかの作業興奮を生んでくれます。きれいになった肌に当たる風呂上がりの空気も気持ちいいですね。

③バスタオル・ローテーション

「お風呂に入れない」の最後のラスボスとして「バスタオルがない」があり得ます。早急に、バスタオル・ローテーションを組み立ててみましょう。

まず、何よりバスタオルの枚数を増やします。20枚以上は買ってください。次に、タオル専用の洗濯物入れを用意します。タオルだけの洗濯、実はとってもラクですからね。あなたがタオルを洗えない理由は、服と交ざっているからなのです。

まとめ

- 入って後悔する風呂なし
- 掃除道具は風呂場の横に常備せよ
- バスタオルが足りなければ買いに行こう

Hack

15

起きるハードルを極限まで下げた目覚めハック2.0

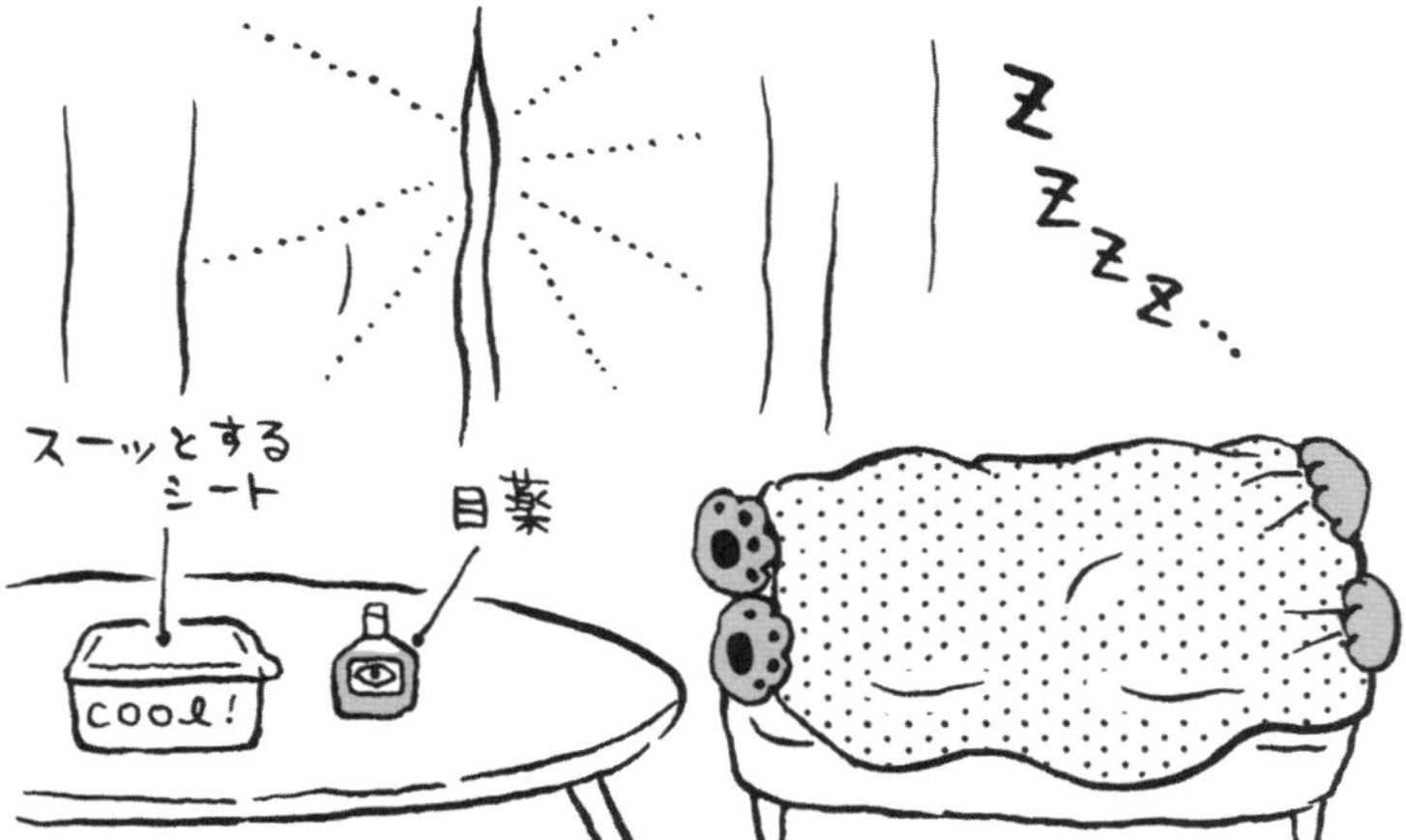

●目薬×顔がスーッとするシート×太陽

僕が前作の本で提唱した「二度寝防止法」には、みなさまから大きな反響をいただきました。その内容はシンプルで、要は寝床から数歩ほど離れた距離にカフェインの入った飲み物のペットボトルを置き、それを布団から出て飲むというもの。「起きる」という抽象的な概念を「ペットボトルのお茶を飲む」具体的動作にすりかえたライフハックです。これは大変効果的ではあったのですが、その後夏を迎え

・ペットボトルの中身がぬるいと飲む気が起きない（二度寝する）
・ペットボトルのゴミが大量になりがち（汚部屋になる）

という問題があることが発覚しました。少しでも不快なことがあるとやらなくなる。これが発達障害によるものなのか、僕のダメなところなのかはわかりませんが、とにかく嫌になってきてしまった。

そしてこの1年間、さらなる改善を模索した僕は「起きる」ハードルを極限まで下げることに成功しました。

具体的には、まずお茶を

- **目薬**
- **薬局で売っている「顔がスーッとするシート」**

のコンボに変更しました。このハックで僕は二度寝の完全な撃退に成功。目薬は「スッキリ強刺激！」みたいなやつがおすすめです。ちょうどドライアイに悩んでいたのでそれも大変助かりましたしね。

そしてもうひとつ。「**カーテンに手が届く場所で寝る**」もあわせて実践しています。気づきそうで長年気づかなかったライフハックですが、太陽を浴びるのは気持ちがいい。朝日が差し込む家であれば暴力的とさえいえる効果を体験できると思います。

●不快さを排除し、快適さを増やす

あたりまえのことですが、僕たちはは**苦行よりも「気持ちいい！」と感じる刺激が好き**です。この2つのハックは、その性質を最大限利用したのです。

なお、僕は今度、最近買った小型冷蔵庫に朝食を入れておこうかな、と考えています。朝ならちょっとくらい甘いものを食べていいのが僕のルールですので「そうだ、冷蔵庫にクリームパンがある……起きよう……」そんな気持ちで目を覚ましてみたいものですね。

目覚めハックはひとつでは挫折してしまったとしても、**いくつも積み重ねれば積み重ねるほど、成功率が上がります。**あなたもぜひ、自分自身の目覚めハックを組み上げてみてください。くれぐれも意識を高くしすぎないのがコツです。朝イチでストレッチをして軽くランニングをする、とかは絶対にやめておきましょう。

まとめ

- **「気持ちいい刺激」ほど、二度寝防止に効果的**
- **挫折にめげず、いくつかのやり方を組み合わせる**
- **僕はこの本の〆切前、頭を机に打ちつけて起きていました。やめましょう**

Hack

16

睡眠薬を飲んでも眠れない夜を救う「強制終了」

●睡眠薬でも眠れない「うつ集中」

「不眠は命にかかわる疾病になり得るので、不安を感じたらまずは病院で適切な薬の処方を受けよう」。これが、僕の基本的な考え方です。僕自身、睡眠薬がなければ生活が維持できない程度には、睡眠に問題を抱えています。

しかし、睡眠薬を飲んでも眠れない、そんな夜もあります。別に楽しくもない、今こんなニュースを見る必要なんかないことはわかっている、むしろ焦燥感に駆られているのに次々とスマートフォンをタップしてムダな情報を頭に入れてしまう。その間にも眠気はあなたから離れていってしまう――これは、いわゆる抑うつ状態の入り口に起きやすいものだと思います。**「寝たら明日が来てしまう」恐怖から目をそらすために、スマホに集中してしまう**のです。

うつ状態のもたらす強烈な――それでいて何の役にも立たず人生に負担をかける――集中力。僕は「明日は仕事なんだ、もうやめさせてくれ」と泣きながら「巨大オセロ」をプレイし続けたことがあります。単に超巨大なオセロをやるだけのフリーゲームなのですが、これが1回始めたら抜け出せないんだ……。

●寝転びスマホを強制終了する「三種の神器」

スマホはおそろしく便利で、もはや手放すことなどあり得ない文明の利器ですが、「手から離れなくなってしまう」という恐ろしい機能を搭載しています。楽しくもない寝ころびスマホで、気づいたら時間は明け方だった。こういう状態はとにかく回避するべきです。

そこで、僕は自分を「強制終了」する方法を編み出しました。用意するのは

- **ホットアイマスクあるいはアイマッサージャー**
- **心地よい音楽の流れるイヤホン**
- **お好みのお香**

です。そしてあたたかい布団にくるまりましょう。

このハックの最大のポイントは、**あなたの五感をすべて心地よさで遮断する**ことです。目には温熱の暖かさが、耳からは音楽の調べが、お香は嗅覚をやさしくくすぐっ

てくれます。何より、視界は完全に覆われているのでスマホに手を出しようがありません。やめたいのにやめられない。そういう状況に陥ったときは、ぜひ試してみてください。

なお、寝るとき以外にもスマホやパソコンから離れるときは、「強制終了だ！」と声を出すと、さらに効果的です。

まとめ

- **睡眠薬を飲んでもスマホをやめられないのはうつの兆候**
- **スマホを手から離すのは難しい**
- **五感を物理的に遮断して、強制終了しよう**

Hack

17

「パジャマ」で
アルコール依存を
止める

●「孤独で自由、かつ高いストレス」が危ない

お酒を呑まないと眠れない。そういう人はたくさんいると思います。僕もかつては、アルコールと睡眠薬の依存症で入院にまで至ったことがあります。依存のメインが睡眠薬の乱用でアルコールは副次的なものだったので、幸いなことに現在でもアルコールを完全に断つことなく、かといって一人で呑むことはほとんどない。そういうところでお酒との距離を保てています。

「お酒をやめよう」なんてことを僕はいいません。僕はかつてお酒を売る仕事をしていましたし、自分自身ひどく痛い目をみてもお酒が素晴らしい文化であることは事実だと思います。しかし、お酒はコカインやヘロインといったものと同じく、極めて身体に害が大きく依存性も強いハードドラッグです。ＡＤＨＤの人は依存に弱いという研究もありますが、実際問題発達障害を抱えながら長い期間、お酒と上手に付き合っていくのはとても難しいといえるでしょう。

「家に帰ったらとりあえず酒を呑む」「酒を呑まないと眠れない」という状況は、非

常にいいにくいことですがアルコール依存症への最初の一歩を間違いなく踏み出しています。

依存に陥りやすい環境というのは、ざっくりといえば孤独で自由、かつ高いストレスがあり、娯楽や息抜きの欠如した場所です。

たとえば、自宅で一人仕事をしていてその気になればいつでもお酒に手を伸ばせる。しかし、仕事のスケジュールはタイトでプレッシャーは大きい。かつ、生活は不規則で仕事の始まりと終わりが定まっていない。時間に関係なく、仕事が終わったら「ここからはプライベートな時間だ」という区切りの意味でお酒を呑んだりする、もちろん仕事をするのと同じデスクで……。

そういうワークスタイルの方は、間違いなくアルコール依存に陥りやすいといえるでしょう。ちなみに、僕はこの条件に１００％合致しているので、**自宅のお酒は妻の許可がなければ呑めないルール**に設定しています。僕は自分の意志でお酒をコントロールできるという考えを持っていません。

●同じ酒を、「依存薬物」から「文化」に変える方法

そこで、僕はささやかな提案をさせていただきたい。お酒を呑まないと眠れない人は、お酒を呑み始める前に、最低限「パジャマ」に着替えましょう。

これは、仕事の時間と安らぎの時間を切り替える機能を、「お酒以外」のものに分散していくための行動です。

パジャマとは、一切社会的な要素のない服です。仕事と完全に絶ち切られた服装に着替えることで、強力に時間を仕事から安らぎの方向へ切り替えることができます。そして、このひとつの習慣ができるようになれば、よりよい飲酒時間を楽しむための工夫を追加していくことも徐々に容易になっていくでしょう。

もちろんできれば、この「ナイトルーチン」はもう少しつくりこんだほうが効果的です。

まずシャワーを浴びて身体をすっきりさせ、お気に入りのソファに腰かけて映画を

流しながら、お気に入りのグラスでおいしいお酒を呑む。ここまでつくりこめれば、アルコール依存のリスクはかなりの部分が軽減されます。それは「依存」ではなく「娯楽」あるいは「文化」になっていくのです。

お酒を「薬物を摂取する行為」ではなく「文化的な楽しみ」に保つことは本当に重要です。面倒でもしっかりとくつろげる環境をつくって、楽しくうまい酒を呑みましょう。「呑んではいけないときに呑む酒が一番うまい」という考え方は、封印して。あなたの呑むお酒が美味なるものであることを、僕は心から祈っています。

まとめ

- **「呑まないと眠れない」なら、アルコール依存を疑え**
- **自宅で、孤独に働く人は依存リスクが高い**
- **お酒は楽しく文化的に**

CHAPTER 4

［在宅ワーク］

だらだらに勝つ
自宅作業ハック

発達障害サバイバルの大原則【在宅ワーク編】

よき日常があってこそ、よき仕事がある

自宅作業で身体が壊れた

2020年、僕らのもとにコロナ禍がやってきてしまいました。多くの仕事が跡形もなく吹き飛び、周囲は大混乱の中にいます。商売が立ち行かなくなった友人もいますし、僕自身も不動産業、文筆業ともに先行きは全く見えません。もはや、状況に対して適応する以外の選択肢は残っていないといっていいでしょう。

そういうわけでこのCHAPTER4では、否応なく自宅で仕事をすることになったみなさんに、対応方法をお伝えしたいと思います。

この技術は「仕事」だけではなく社会人にとっての自宅学習であったり、あるいは

お子さんの学習環境構築などにも応用できるものだと僕は思います。もちろん、僕のようなフリーで仕事をする人間にとっても必須のスキルでしょう。

僕が「自宅で仕事をする」状況に本格的に向き合ったのは、前作の本を書き上げたときでした。その頃は週に5回出社するごく普通のサラリーマンでしたので、当然仕事が終わって自宅に帰りつくなり本を書くためパソコンにかじりつくことになります。すると、気がつけば日常生活のすべてが仕事に塗りつぶされてしまい、日に日に身体が壊れていくという事態が起きてきました。

当時僕は会社が終わると自宅に直帰し、パソコンに向かって力尽きるまで書いたら布団に倒れこむ生活をくりかえしていました。今思うと、**生活が「睡眠」と「仕事」しかなくなっていた**のです。もちろん、僕はそこまで勤勉な人間ではないのでパソコンに向かっている「仕事の時間」とはいえ100%働いているわけではありません。音楽を聴いたりインターネットを眺めたりはしています。しかし、今思えばその時間は休息として極めて質が悪かった。

結果、本を書き上げた後は手首の腱鞘炎にひどい腰痛、さらには猛烈な足のむくみに背中の痛みと体調不良のフルコースみたいな状態に陥り、回復には1年以上を要しました。

仕事が生活を侵食する恐怖

この大失敗から僕が学んだこと、それは「仕事は日常生活の上に成り立っている」というごくあたりまえの事実でした。在宅ワークの最も恐ろしいところは、僕らの生活を仕事がどんどん侵食して、奪っていくことです。最近僕は自宅で物書きの仕事をすることが増え、そのことをさらに強く実感しています。

だから僕がお伝えするハックも「最高の生産性を引き出す働き方」のようなテーマではありません。代わりに、

・どうすれば仕事と日常生活を分けられるか
・どうすれば働きすぎないか
・どうすればラクができるか

を追求しています。

もしかしたら「この社会情勢の中で何を呑気な」と思われてしまうかもしれないな、と思います。

しかし、あえて僕はいいたい。身体と心に鞭を打って**最高の生産性を出す「意識の高さ」ではなく、限られた現状の中で、なんとかよき日常をつくり出すことを最優先する「意識の低さ」**を大切にするべきだと。人生はいつだってサバイバルです。自分を取り巻く環境をよくしていくことは、絶え間なく続けるべき前進です。

どんな状況にあっても、あなたの日常は幸福なものであるべきなのです。あなたは日常の中から幸福を受け取る権利があるのです。状況が厳しくなると、人はつい自罰的になってしまいます。しかし、あなたがあなたの日常を苦痛に満ちたものとしたところで、誰も救われたりはしません。どうか、それだけは忘れないでください。

Hack

18

何よりもまず「働かないイス」を用意する

オンとオフの境界をつくれ

●「働く」と「休む」の境界が消え去る

在宅ワークの環境を整えるにあたって、多くの人が最初に思いつくのは業務用の道具だと思います。たとえば、それはオンライン会議のためのウェブカメラかもしれませんし、あるいはちょっといいキーボードやタブレットだったりするでしょう。

しかし、自宅を職場として使うときに最も重要なのは「働く場所」ではありません。働くだけであれば、結構無理は利きます。実際、多くの職場におけるオフィス環境はそんなによいところばかりではないでしょう。狭いスペースに無理やり詰め込んだ机、どぎつい照明、人と人の絶え間ない行き来、そういう状況下で仕事をしている人は決して少なくないはずです。

では、なぜその状態で人はそれなりに働けてしまうのか。それは、自宅という「休む場所」がしっかりと存在するからです。仕事が終われば会社から出て、そこで一度時間に区切りがつけられる。この機能はバカにできない重要さを持っています。**在宅ワークの最大の問題は、このオンとオフの区切りが失われてしまうこと**に他なりません。僕自身も、1台のパソコンを仕事にも娯楽にも使っているので、**気づいたらパソコンに向かったまま20時間くらいが過ぎている**ことがざらにあります。

食事も晩酌もすべて仕事用パソコンの前で済ませている。そういう人が在宅ワークの一般化で激増するのではないかと僕は懸念しています。しかし、これは明らかに問題を呼び込むスタイルの生活です。絶対に避けるべきだと、心から僕はそうお伝えしたい。

仕事と休息のどちらが重要かといわれれば、それは当然休息のほうです。「しっかり休まなければ働けない」。この至極あたりまえの感覚を忘れないでください。

●狭いワンルームでも「休む場所」はつくれる

対策としては、何よりもまず「働かないイス」を1脚用意してください。このイスに座ったら、仕事のことを絶対に考えてはいけません。たったこれだけで、あなたの部屋には「働く場所」と「休む場所」の境界が生まれます。

イスはいわゆるリラックスチェアと呼ばれるものがよいでしょう。僕も最初は余ったオフィスチェアを「休息用」に使ってみたのですが、あまり効果的とはいえませんでした。やはり背もたれがやや倒れた幅の広いのんびりと身体を投げ出せるイスがベストです。「働かないイス」の横にはミニテーブルがあるとなおよいです。そして、できればタブレットなどの娯楽用端末があればいうことがありません。

時間の切れ目、オンとオフの切り替えは頭の中だけでやろうとしても非常に難しいところがあります。リフレッシュするべきなのに、気がつけば布団の中でグルグルと仕事のことを考えているあの状態は全く休息になっていません。

さらに、**オンオフの欠如は「休めない」と同様に「仕事に集中できない」という最悪の状態をもたらします。**仕事から休息に移行できないのであれば、休息から仕事に移行することも当然難しくなる。さぁ働くぞと思ってデスクに陣取ったはいいが、気づいたらSNSを眺めているうちに正午を迎えてしまった。あの悲しい出来事を防ぐにもこの工夫は大変効果があります。

まとめ

- **在宅ワークの最大のデメリットは「オンとオフの欠如」**
- **イス1脚でいいので「休み専用」の場所をつくれ**

Hack

19

発達障害のための最強「机コックピット」

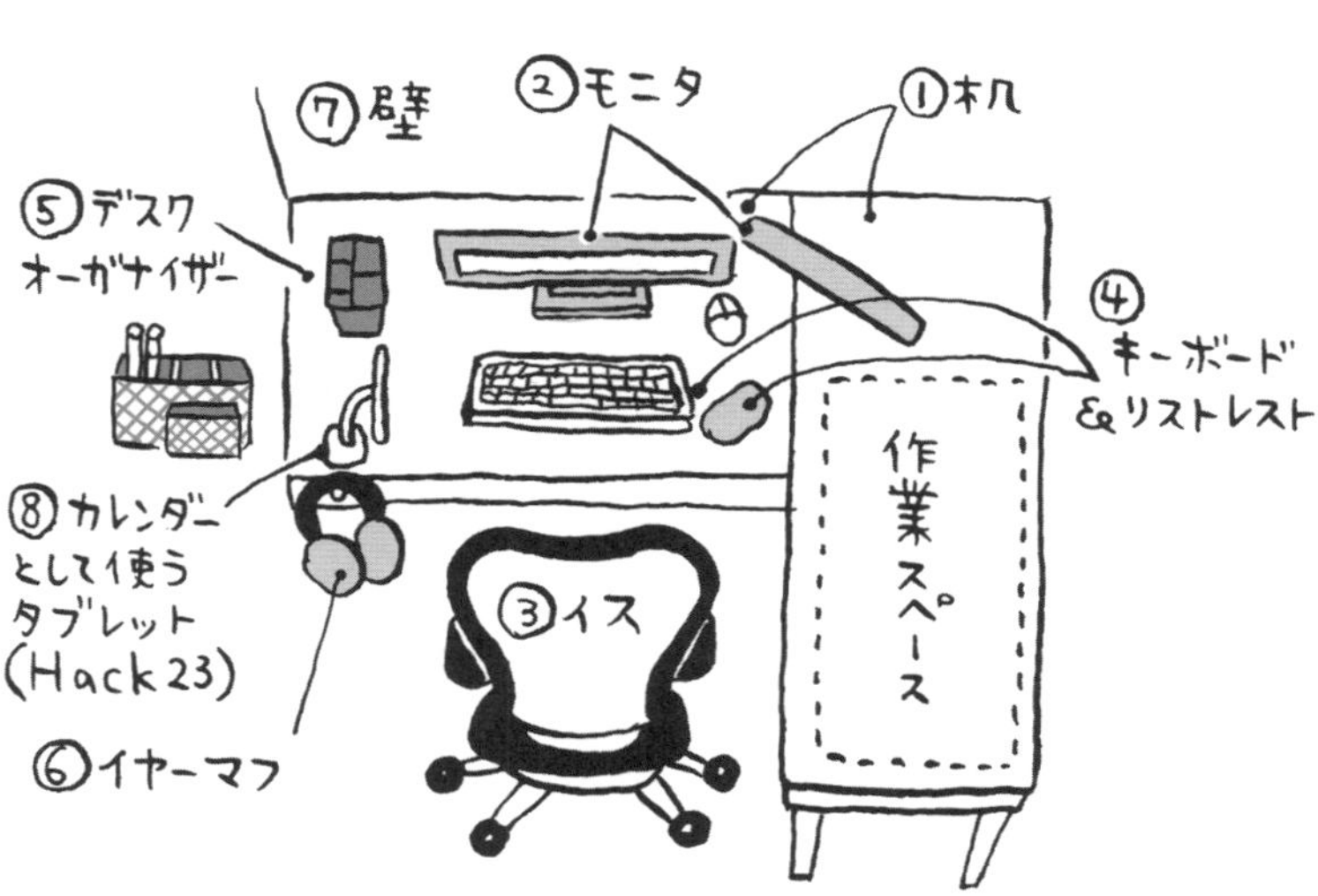

●発達障害の問題に完全対応した執務環境

こちらが、僕の執務環境になります。営業マンと文章の仕事を掛け持ちするようになって以来、とにかく環境を整えなければどうにもならないと確信し、2年ほどかけてつくりこんできました。この環境は

・ほぼすべての必要なものに「一手」で手が届く
・「作業スペース」を極力広くとる
・「身体の負荷」を可能な限り小さくする
・チェックを怠ってはいけないものが常に「視界」に入るようにする

という4つの考え方で構成されています。

①机

まず、一番重要なのは作業スペースの広さです。もちろん、小さいスペースを上手に工夫して使えるなら、それは素晴らしいスキルだと思います。しかし、僕にそれは

できません。僕にとって、作業スペースの大きさはそのまま「脳のメモリ」の大きさに直結します。なので、机は2つをL字型に組み合わせて使っています。パソコンを使う机と紙ベースの事務を行う机、この2つは絶対に別でなければ、僕は仕事ができないのです。また、座高が高めなので、最もフィットする75センチの高さのものをひとつ。さらに、それに合わせて高さを昇降調整できるものを組み合わせています。

②モニタ

モニタが2台あるのも机と全く同様「作業スペースを広くする」ためです。短期記憶が極端に弱いので、タブを切り替えながら作業をすることが僕にはできません。一度画面から消えたものは完全に記憶から消滅してしまうのです。かつて会社で仕事をしていたころは、私物のモニタをもちこんで無理やりデュアルモニタにしていました。

③イス

ずっと座り作業をする以上身体的なダメージを軽減する必要があります。僕は腰が悪いので、イスはポスチャーフィットのついたアーロンチェアを愛用しています。こ

分割できるキーボード

Mistelの「BAROCCO」。著者はPC付属品をこれに替えたら肩こりが改善。

のイスは友人からのもらい物なのですが、かつて非常に安いイス（旧共産圏の刑務所にありそうな）を使っていた頃にずっと悩まされていた腰痛から解放されたのは本当に驚きました。なにがアーロンチェアじゃこちとら借金玉じゃ、という気持ちが長年あったのだけれど、座ってみたらモリモリ腰痛が改善したのでもう何もいえない。

④キーボードまわり

キーボードは真ん中から2つに割れた分割型のキーボードを使っています。あまりなじみがないかもしれませんが、使ってみるとキーボードに向かって脇を締めるという動作がいかに背中や肩に負担をかけていたのか実感できます。

当然ながら、キーボードを打つときやトラックボールを使うときに腕を預けるリストレストは必需品になります。僕はキーボードをおそらく年間２００万字以上打つのですが、このキーボードまわりの工夫をしていなかったため、かつてはひどい腱鞘炎に悩まされ痛み止めを飲みながら仕事を続ける羽目になりました。その結果どうなったかといえば、胃まで壊れました。

⑤デスクオーガナイザー

向かって左側にはペンや計算機、小物類を入れるデスクオーガナイザーがありますが、これは中が見通せるメッシュのものを使うのが最も重要です。どれだけ消しゴムを買っても、どれだけシャープペンシルの芯を買ってもなくしてしまうあなたは今すぐ採用するべきです。

⑥イヤーマフ

僕は感覚過敏が非常に強いので、音を遮るイヤーマフは絶対に手放せません。仕事をしていると、突然ちょっとした音が気になって何もできなくなることがあるのです。そんなときにこのイヤーマフは本当に助けてくれます。

⑦壁

目の前にある壁は、視界を遮って集中を阻害するものが目に入らないように据え付けています。実はこれ、大きな棚の背中なのです。自習室などで一人分のスペースが仕切りに囲まれていると妙に集中できるという体験をした人は多いと思いますが、あの設備を自宅につくらない理由はひとつもありません。

⑧カレンダーとして使うタブレット

左側にある小さめのタブレットは、常にGoogleカレンダーを表示しています。こちらの「究極カレンダー」についてはHack23で詳しく紹介します。

まとめ

- **お子さまの勉強机にも応用可能です**
- **机は人生をつくり出すもの。工夫しすぎて損はない**

Hack

20

「手洗い儀式」でだらだら癖を追い払う

●「だらだら」はタスクリストで解決しない

僕の周囲には発達障害という問題を抱えた方がそれなりにたくさんいます。コロナ禍がやってきて在宅ワークに移行した周囲の人々を見ていると多動や注意欠陥といったＡＤＨＤ傾向が強い方は生産性が低下し、逆に感覚過敏やある種のセルフルールへのこだわりといったＡＳＤ傾向が強い人になると生産性が向上している傾向が見られるように思います。

これは、端的にいえば職場環境で先延ばし癖やあるいは集中力不足といった問題を補っていた人は在宅ワークに移行することによって生産性が下がり、逆に職場環境がストレスになっていた人はその枷が取り払われることによって生産性が向上したということではないかと僕は思います。

ＡＤＨＤ傾向を強く持つ僕自身もそうなのですが、上司がいて定期的に誰かに進捗を報告し、周囲を仕事に集中する同僚に囲まれている環境はかなりの生産性ブースト効果があります。平たくいえば「一人だとだらけてしまう」ということなのですが、この「だらだら」は意志の力でなんとかできるものであるとは限りません。むしろ、意志の力や頑張るぞという決意などでは何の抵抗力にもならないものだと僕は思います。

たとえば、営業の仕事であれば目の前にお客様がいますし、事務の仕事であっても周囲が仕事に集中している中、自分だけぼーっとインターネットを眺めているなんてこともやりにくい。この、いわば競走馬におけるムチとしての職場が失われてしまうことによって、仕事の生産性が極端に低下してしまう人は非常に多いでしょう。もちろん、僕自身も仕事における文筆業、すなわち自宅で仕事をする割合が増えるにつれこの傾向はどんどん強くなってきました。

こういった傾向を持つ方の場合、もちろんたとえばタスクリストをつくるとか、スケジューリングを綿密にやるといったことも必要にはなるのですが、まずそれ以前に**「これから自分は仕事に入るぞ」というマインドセットが一番重要**になります。タスクリストをつくる気力すら湧いてこないんだ、タスクリストをつくってスケジューリングをやればそもそもこんな問題は起きてないんだよ！　はい、大変よくわかります。

●サボりたい気持ちを、手洗いで「溶かす」

僕は家で仕事をやり始める前に、

「顔と手を洗う↓ジャケットを着こむ↓机の上をひと通り片づける」

この一連の動作をルーチンとして必ず行うようにしています。

もともと手を洗い始めたのは延々キーボードを打っているとものすごく手汗をかき、ひどい手水虫に悩まされたという大変恥ずかしいきっかけなのですが、それでも無心に手を洗っているとあれほど強固だった「仕事したくない」気持ちが少しずつ溶けていくのを感じます。できれば、しっかりと手洗いソープを使ってじっくり時間をかけてひじまで洗ってやるのがベストです。チャチャっとやってしまってはあまり効果が出ません。儀式とはそういうものですね。そして、ジャケットを着こむ頃には（もちろん、運がよければという前置きはあります。儀式の効果が出ない日だってもちろんたくさんある）「よし、やるぞ」と前向きな気持ちになっています。

在宅ワークでない場合、あなたが会社にたどり着いて仕事を始めるまでには、実にたくさんのマインドセットとなる動作が存在しています。

朝、目を覚ましたあなたはまず顔を洗うし歯も磨くでしょう。朝風呂派はシャワーも浴びるでしょう。そして、今日着ていくシャツを選びネクタイを締め、スーツを羽織って職場に向かうはずです。在宅ワークによる「だらだら」の一番の原因は、こうした動作が自分でも気づかないうちに失われてしまっているためなのです。

●「茶番」の効果を見直してみよう

あなたは元日に初詣はしますか？　あれは年の初めに神社まで出向き、一年の無事を祈る極めて儀礼的な行為です。そして、同時に「今年も頑張ろう」という強力なマインドセットとして働きます。この感覚はたいていの人にあると思います。気持ちを新しく入れ替える儀式にはバカにできない効果があります。

発達障害を持つ人は、こういった儀式的動作を「茶番」として受け取ってしまう傾向があるように僕は思います。「初詣なんか行って何の意味があるんだ」というやつです。しかし、儀式にはそれなりの意味がある。僕は最近強くそう思います。そして、

儀式の効果を日常生活に取り入れることは非常に重要だと断言せざるを得ません。

僕も本音をいえば「茶番」は好きではありません。誰も見てないところでジャケットを着るなんてムダだろ。家で仕事するならパジャマでいいだろ。たいしたツラじゃないいんだから毎日洗うこともないだろ。生来のものぐさも加わって、僕にはそういう気持ちが大変強くあります。

それでも、残念ながら会社の朝礼にはそれなりの現実的効果がある。学生時代あれほど「無意味」と蔑んでいた始業式にはかなりの具体的効用がある。ひとつの敗北宣言ですが、生活に「儀礼」を取り込むようになって以来僕はそれを認めざるを得ません。それでも校長とか社長の長話は必要ないと思いますけどね。

まとめ

- **家で仕事をする日も、ジャケットを着よう**
- **儀式は確かに「茶番」だが、現実的効用がある**

Hack

21

「過集中で脱水症状」は小型冷蔵庫で防ごう

過集中を切る

●「めちゃくちゃ仕事がはかどるぞ！」は危険信号

ＡＳＤ傾向があり、在宅ワークで仕事の生産性が「上がった」方、それなりに多いと思います。仕事が好きで、しかもオフィス環境というストレッサーから解放された。あなたの集中力は過去最高に高まっている。それはもちろん素晴らしいことです。

しかし、仕事のスイッチが常にオフになっている人と常にオンになっている人、どちらが危ないかといえばいうまでもなく後者です。

実際、発達障害傾向のある方は「仕事に全く集中できない」症状の一方で、「過集中」に陥ることが珍しくありません。僕もこの状態に入ってしまうと**30時間以上不眠不休で動き続けてしまう**ことがよくあります。本当はどこかで断ち切るべきだとわかっていても、ひとたび勢いに乗ると「よっしゃ、やるぞ！」が止まらなくなってしまい、先日脱水症状と過労で倒れて病院に運ばれました。病院でひと眠りしてガブガブ水を飲んだらあっという間に元気になったという、本当に恥ずかしい出来事でした……。

なお、友人にも「**仕事に集中していたら栄養失調で倒れた**」人間が２人います。

●「忘れず水分補給」を実現する仕組み

過集中で身体を壊す。この対策として有効なのが**食べ物、飲み物を「手の届くところ」に置く**ことです。

脱水症状で懲りた僕は、自宅の机のすぐ横に小型の冷蔵庫を置いています。このペットボトルを６本も入れれば満タンの小さな冷蔵庫は、僕にとって本当に欠かせないアイテムです。中には主に水、オレンジジュース、ゼリー飲料を入れて、定期的に補充しています。

２つめの冷蔵庫を買うなんて、家がものすごく広いのかとよく誤解されるのですが、僕の自宅は２ＬＤＫのボロアパート。ワークデスクから冷蔵庫までは歩いて５秒です。「それなら冷蔵庫までくらい歩けばいいだろう」と感じられた方は少なくないでしょう。

しかし、発達障害の僕にとって「見えないものはないもの」。過集中で脳がヒートアップしているときでもすぐ目につき、手を伸ばせば届く場所に栄養補給源が存在していることが重要なのです。冷蔵庫を見て初めて「あ、喉渇いてる」と気づくのが僕らです。

ちなみに過集中にはいい過集中と悪い過集中があり、「やたら集中しているけれど仕事の成果には何ひとつつながらない」悲惨な場合もあります。僕も最近、〆切があと1時間でやってくるのにWikipediaの「ギャル」の項目を読み込んでしまい「こんなの読んでる場合じゃないしもう読みたくない、助けてくれ！」と泣き叫んでいたことがありました（内容は素晴らしいので、みなさんも暇なときに読みましょう。ギャルの壮大な文化史を知ることができます）。こうした、頭でわかっているのにどうしても止められない衝動をバッサリ断ち切るときにも、「小型冷蔵庫を開けて飲み物を選ぶ」行為は有効です。

まとめ

- **「生産性上がりまくり！」は過集中の恐れあり**
- **手の届く場所に、食べ物・飲み物を置いておこう**

Hack

22

タスクはデカいホワイトボードに全部ぶっこめ

絶対になくさないメモ帳

●メモ帳が「時空の裂け目に吸い込まれる」問題

メモはしたんだ、メモを失くしてしまっただけで……。

よくわかります。痛いほどわかります。メモ帳が何冊時空の裂け目に吸い込まれていったのか、もはや僕にも数え切れないくらいです。家で誰かから電話を受けてメモをその辺に落ちていた紙っぺらに書きつけて、そのままなくす。机に貼っておいたはずの付箋が気づいたら消滅している。ポケットに入っていたはずの手帳が気づいたら消滅している。そういう悩みって本当によくありますよね。最近は「スマートフォンにメモ」もひとつの手ですが、パスワードを開けてメモアプリを起動してフリックで打ち込むのは作業があまりに多すぎる。そもそも、電話をしながらスマホにメモはできないという問題もあります。

そこで僕は、**「絶対に紛失しない最強のメモ帳」を手に入れることにしました。それは、ホワイトボード**です。自宅にホワイトボードがないみなさんは、今すぐ購入しましょう。なるべくデカいのがいいでしょう。発達障害のみなさんは、こまめに不必要な情報をボードから消去することはおそらくできないと思います。なので、どんなときでも書き込めるスペースの残っているデカいホワイトボードこそが、あなたの問題を解決します。もちろん、ペンとマグネットは大量に買い込んでおきましょう。

●ホワイトボードの3つの利点
「一元化」「常時一覧化」「省エネ」

メモとは何か。それは、自宅内で発生する雑多な情報を処理する外部端末です。在宅ワークによって、「仕事」「プライベート」両方のタスクを管理しなければならないため、あなたはさらに混乱していると思います。この問題を解決する要素が、ホワイトボードには凝縮されているのです。

①一元化

CHAPTER3のエブリデイボックスの項目でも説明しましたが「細かく分けて収納したものは消滅してしまう」。これは、モノではなくて情報でも同じことです。あっちの付箋に、こっちの手帳に、あのレシートの裏に……と情報を細分化するのは効率を下げ、紛失リスクを上げる愚策でしかありません。ならば、デカくて紛失など起こりようもないホワイトボードにすべての情報を一元化すればいいのです。

②常時一覧化

さらなるメリットは、「常に目に入る」点です。メモ帳は開かないと中身が見えませんが、デカいホワイトボードは常にあなたの目に飛び込んできます。

③省エネ

「ガス代の支払い明後日まで」みたいなことってよくありますよね。僕も昔は、電気、ガス、水道、インターネットのどれかは常に止められているような生活を送っていました。こういうとき、払込用紙をペタっとマグネットで貼り付けておけばいい。メモする手間まで省くことができます。

まとめ

- **在宅ワーク用の「最強のメモ帳」は、デカいホワイトボード**
- **外出先でのメモ術については手前味噌ですが『発達障害の僕が「食える人」に変わったすごい仕事術』をご覧ください**

Hack 23

すっぽかしを ゼロにする 「究極カレンダー」

●「書き写す」作業がスケジュール管理を崩壊させる

自宅で壁かけのカレンダーを使っている人は多いと思います。机からひと目で今日の予定がわかるし、月末までのスケジュールの詰まり方も見通せる。便利ですよね。家だと手帳を開くのもダルいみなさん、僕もその気持ちが痛いほどわかります。

でも、この壁かけカレンダーを使った仕事のスケジュール管理は危険ですので、今すぐやめてください。理由はシンプルで「壁かけカレンダーは持ち歩けないから」です。出先で使う手帳から壁かけカレンダーへ、壁かけカレンダーから手帳へ、必ず「書き写す」手間が発生します。この作業が、僕らは絶対にできません。僕も先日、この「書き写し忘れ」により、予定をすっぽかし、外出先でも自分の予定がわからない事態が発生しました。各位、その節は大変申し訳ありませんでした。

では、逆に理想的な状態を考えてみましょう。それは、「**手帳にメモした予定が、放っておいても勝手にカレンダーに転送されて表示される**」状況ではないでしょうか。これ、実はできるんです。

●「究極壁かけカレンダー」のつくり方

やり方は簡単です。

まずは、中古の安いタブレットを購入しましょう（Googleカレンダーさえ動けばいいので本当に安物でＯＫです）。それをカレンダーの位置に壁かけ（またはアームで固定）して、Googleカレンダーを表示します。予定のメモはすべてスマートフォンから行いましょう。そして、Googleアカウントでこの２つを同期させます。

こうすると、「スケジュールをスマホから入力すると、家にかけてあるカレンダーに表示される」状態がいとも簡単につくり出せるのです。もちろんカレンダー側、すなわちタブレットからスケジュールの入力をすると、今度はスマホ側にも反映されます。２つの端末が同期され、情報が一元化できるのです。おまけにリマインドやアラームの機能までついています。

最近はタブレットも安くなりましたので、ちょっと高級なカレンダーを購入するつもりで1枚買って、壁にセットしてみてください。カレンダーと違って毎年買い替える必要はありません。Googleカレンダーアプリの必要スペックが急上昇しない限りはずっと使えます。ちなみに僕の家にはこのようなカレンダー代わりのタブレットが、他の部屋にも1枚ずつ、合計3枚セットされています。

「スケジュールが手帳とばらけるのは問題だけど、家のカレンダーは便利なんだよな……」という方は、今すぐ導入して絶対に損のないライフハックです。

まとめ

- **手帳、スマホ、家にあるカレンダーに、それぞれ予定を書き込むのは危険**
- **Googleカレンダー専用のタブレットを買い、壁かけしよう**
- **タブレットは安物でOK。この用途だけに使う**

Hack

24

「お菓子を贈る」で ゆるい絆を 維持する

●リモートの人間関係は難易度が高い

在宅ワークで一番難しいのは「人間関係を維持すること」だと僕は思います。なかでも**「用事がなければ連絡しないゆるい関係の人」といかにつながっておけるか。**これが、その後の仕事に大きく影響します。

発達障害、とくにＡＳＤ傾向のある方は、ただでさえ人との距離感を掴むのが苦手です。「関係を維持するための、押しつけがましくない顔つなぎの連絡」って、なかなか難しいですよね。コロナ以前なら力技で「とりあえず呑みに行きましょう」もアリといえばアリでしたし、あるいは誰かが会食の場を設けてくれたりで済んでいたものが、自粛ムードもあり、やりづらくなってしまいました。

僕自身、「定例の会合」で集まっていた人たち、あるいは「同じ趣味を共有している」理由で仲よくしていた人、釣りや外食を一緒にする人たちと徐々に人間関係の距離が離れていくのを感じます。僕たちの人間関係は思った以上に「場所」というものによって規定されていたようです。これからは「能動的に」働きかけないと、人間関係が維持できない時代になってしまうのでは、と危惧しています。

ゆるい人間関係を維持するためにおすすめしたいのが、「贈答」の習慣です。これのいいところは、たった数千円を投資するだけで誰でもできて、空気を読んだりする必要もないところです。「Zoom飲み会」のような高度なコミュニケーション能力は求められない割に、相手からは「気の利いた人だな」という印象を持ってもらえます。

僕もコロナ禍で自粛中にある社長さんからすごくおいしいチーズケーキが送られてきて、さすがだなと思いました。「最近あなたと会えてないけれど、私はあなたのことをちゃんと気にかけているし、今後ともよろしく」とスマートに伝えてくれる、素晴らしいノウハウです。

●賄賂と思われないために必要なこと

贈答で気をつける点は、次の通りです。

【贈答品のルール】

- **嫌いな人はいない定番のお菓子を選ぶ（僕はひたすら虎屋の羊羹をリピートしてます）**
- **相手の会社・家庭で無理なく消費できる量、価格帯**
- **金額は1万円を上限に、相手によって調整**

早速、もらった相手の負担になりすぎない贈り物を「最近連絡を取っていないな……元気かな」という相手に贈ってみましょう。

「安全な贈答」とは、「**今後ともよろしくお願いします。私はあなたを覚えていて、大切なつながりだと思っています**」だけが伝わるもの。贈賄とは違います。「たいした価値ではないけれど、もらうとうれしい」ラインが適正と考えてください。

気合いが入りすぎて20万円くらいのワインを贈ってしまうと、それは相手に「〇〇をやってくれ」と要求するメッセージになってしまいます。もちろん、狙ってやっているプロもいますが、僕らとはゴールが違うので注意してください。ＡＳＤのみなさん、「感謝の気持ちを表すために１００グラム５０００円の肉を5キロ送りつける」

みたいなことをしがちなので注意してください（僕の友人の実話です）。

まとめ

・在宅ワークの人間関係は「維持する努力」が必要
・贈答は「贈るだけ」なのでコミュ障のみなさんに向いています
・気合いが入りすぎると意味が変わってしまいます。気をつけましょう

CHAPTER 5

［服］

おしゃれとか以前の身だしなみハック

発達障害サバイバルの大原則【服編】

服に「センス」は必要ない

おしゃれは茶の湯。手を出すな

僕は本来おしゃれからは程遠い人間なのですが、半端なコレクター精神を持っておりまして、20代の頃は「デザインがいい」とか「この古着は珍しい」みたいな理由で服をぼちぼち買っておりました。折しも、アメリカから大量に輸入されてくる古着が流行った時期。僕のような巨漢でもアメリカンサイズの古着なら選び放題なのがうれしくて、それなりの金額をつぎ込みました。

結果としてどうなったか。「**服は山ほどあるけれど、いつ、どう着ていいかわからない**」というパニックが発生し、いまだにトラウマとなっております。

この話の教訓は「おしゃれ」という概念は非常にわかりにくいものだということです。それは、美的センスを追求する審美的なものでもあり、あるいは時流やモードをとらえることでもあります。かと思えば、おしゃれには「伝統」や「ルール」みたいなものも多種多様に存在します。こんな複雑な概念を上手に乗りこなすのは、さすがに難しい。

あれは茶の湯みたいなもので、こだわっていったら終わりがありません。お茶にハマって身代《しんだい》を持ち崩した友人が僕にはいますが、茶碗1個に自動車みたいなお値段がついてしまう世界は、実用とは全くかけ離れた趣味の世界です。

まず、**「茶の湯にはお付き合いしない」と決める**ことが、何より重要です。

もちろん、服を服として楽しむ。ある種の美術品として楽しんだり、おしゃれそのものを楽しんだりするのは素晴らしいことです。それを否定する気はありません。しかし、この本はサバイバルガイド。そう、まずは実用の問題です。服飾センスとかそういう話はもう少し意識の高い自己啓発書にお任せして、毎日を快適かつ社会的に問題のない恰好で過ごすにはどうしたらいいかということを考えていきましょう。

発達障害者が服について考えるべき3つのこと

発達障害サバイバルにおいて考えるべきは次の3点に絞られます。

①いかに「不快でない服」を手に入れるか

僕を含む発達障害者の多くが、感覚過敏という問題を抱えています。これを根治させることは難しいですが、服との付き合い方で、改善できる場合が多いです。

②いかに「社会的コード」を守るか

服は非常に社会的なものですので、その場に見合った服装というのは状況次第で変わってきます。空気を読むのが苦手な僕らは、これを考えるのがとても苦手です。

この辺でいうと（もちろん、あまり着心地がよくない、堅苦しいなどの問題はあるにしても）スーツは制服に近いもので、毎日何を着ていくか考えなくて済むという大変大きな利点があります。サラリーマンのスーツの選び方は僕が解説しなくてもたくさんの参考書が出ていますので、そちらに任せます。このCHAPTER5では最近増えているスーツ以外が求められる局面、スーツが通用しない局面について考えてみます。

③いかに服を「管理」するか

服は、恒常的に管理を必要とするものです。洗濯もしなければなりませんし、シワだらけの服で出勤するわけにはもちろんいきません。僕には発達障害を持った友人が多くいますが、この部分でもかなり多くの人が苦労しています。出かけようと思ったら、プレスのかかったパンツの一本もなかったというのは、実際のところ多くの人に共有される悩みではないでしょうか。

着たい服を着たいように着させてくれという気持ちと、ファッションというどこか上っ面な茶番性への拒否意識。服を買うという行為自体が「やりたくないこと」になってしまっている人、多いですよね。僕自身も服屋に行くというのは正直なところ気づまりなことのひとつです。でも、「センス」とか「おしゃれ」を無視してしまえば「何を着るべきか」にはちゃんと正解があります。やっていきましょう。

Hack

25

あなただけの「ライナスの毛布」を手に入れよう

服は安心第一

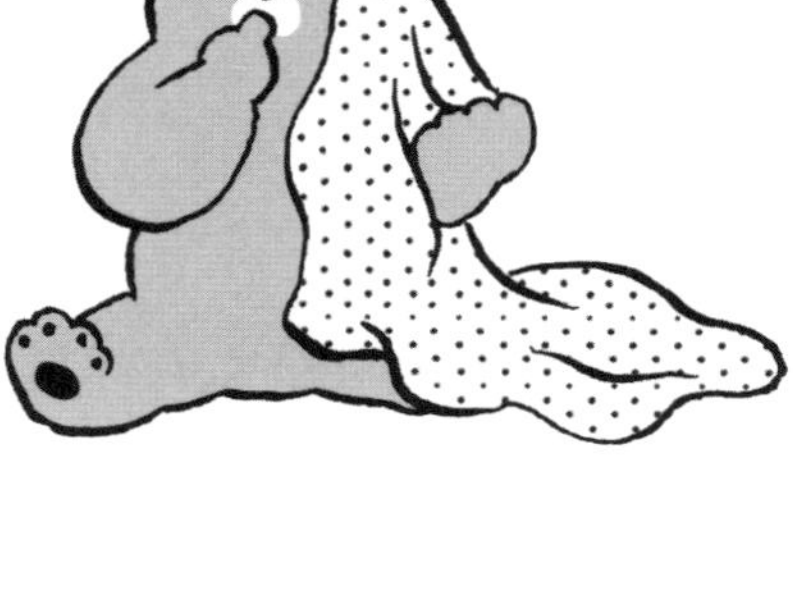

●おしゃれの前に、感覚過敏

みなさんは、スヌーピーが主人公の漫画『ピーナッツ』に出てくる「ライナスの毛布」をご存じでしょうか？　心理学の分野でも使われる用語で、その人にとって手放せない、愛着のあるモノを指す言葉です。

僕は、発達障害者にとっての服というのは、まず「ライナスの毛布」であるべきだと思います。それは**あなたの身体を快適に包み、あなたを安心させるもの**でなくてはいけません。

僕ら発達障害者には、**感覚過敏**という問題があります。主にＡＳＤ傾向の強い人に多いのですが、皮膚感覚が非常に鋭敏であるため服の肌触りや感触に非常に強い不快を感じてしまうというもので、僕も本当に苦労させられてきました。

僕の場合は、首の周りの感覚過敏が非常に強く、ネクタイやマフラーを巻いたまま仕事をすると、能率は明らかにガタ落ちします。服のタグがチクチクしたり、ウールのセーターなんてのはもってのほか。一般的に市販されている綿100%の肌着ですら問題が起きることがあります。緊張する仕事の最中、就職活動の面接中、あるいは人と話をしている途中……大事な場面で全身がムズ痒くなってにっちもさっちもいかなくなってしまう。あの苦しみは、なかなか他人には理解されませんが本当に辛いものです。その結果、若い頃は、使い古された服を破れるまでくりかえし着ていました。新品のシャツがあっても、結局古いほうを着てしまう。ASDあるあるの「着替えたくない問題」ですね。

●「ライナスの毛布」に出会う3つのポイント

感覚過敏の人が、自分が本当に心地いいと感じる「ライナスの毛布」に出会うには、いくつかポイントがあります。

①第一に「肌着」に投資する

肌着は特に重要です。肌に直接着ると感覚過敏が出てしまう服でも、肌着を着こん

借金玉愛用「感覚過敏対応グッズ」

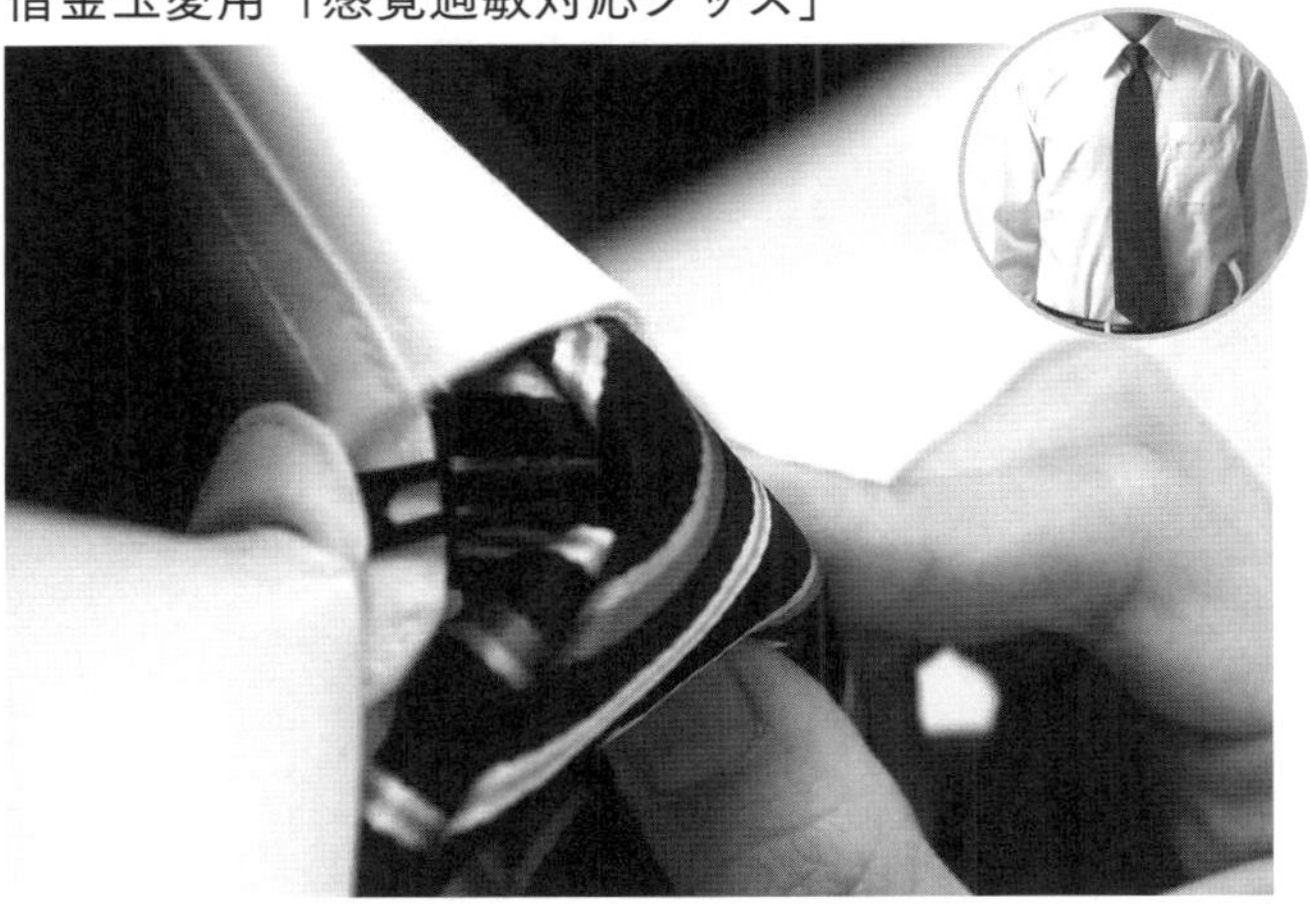

ネクタイは「首に巻かない」ワンタッチタイプを選ぶ。
画像はSMART BIZの「瞬間ネクタイ」。

でおけば着られることがよくあるからです。ワイシャツなどは、感覚過敏の出にくい材質のものは必然的に高級品になってしまうので、肌着だけに投資するのはコスパの点でも有益です。肌着なら、同じものをずっと着ていても外からは見えませんしね。僕は、「SIL-VENDER」のシルクの入ったアンダーシャツを愛用しています。

②着心地のよい服を見つけたら「20枚」まとめて買う

合う服がなかなかない僕らにとって、着心地のいい服は「貴重品」です。感覚過敏の出ないものを一度見つけたら、特に仕事に使うものはまとめて買いこんでしまうことをおすすめします。肌着は当然として、ワイシャツの着心地はメーカーやシリーズごとに大きな差があり、高級品なら感覚過敏が出ないとも限らないのが厄介です。「洗濯をまあまあ忘れてもなくならない目安」は20〜30枚です。

③試着はサイズではなく「着心地」を試す

ファッション性よりもまずは「着心地」だというあきらめは常に必要です。試着でも、「かっこいいか」「サイズが合うか」ではなく「着ていて不快ではないか」を優先させてください。もちろん、服の基本は「ジャストサイズ」です。しかし、布地が皮膚に触れる不快感などが強い場合は、少し諦めてワンサイズ大きくする覚悟があっても僕はいいと思います。

また、逆に「服が少しでもダボついていると不快」というタイプの感覚過敏もあると聞きますので、その場合もやはり着心地を重視しましょう。

まとめ

- 感覚過敏の人は、おしゃれより着心地を優先しよう
- まずは、自分に合った肌着を見つけよう

Hack 26

アップルウォッチで「時計マウンティング」を回避する

●経営者は相手を「時計」で値踏みしている

僕は26歳で独立して会社を立ち上げたのですが、最初の悩みは「何を着ていいかわからない」でした。なにせ、ぽっと出の若造ですからあまり仕立てのいい高級なスーツは生意気ととられてしまう。かといって、安っぽいものでは足元を見られる気がする。しかも、周囲の若手経営者たちはあまりスーツを好みません。当時僕が持っていた銀行員時代のお堅いスーツは、明らかに浮いていました。

しかし、何年か観察を続けた結果、30代になってこの問題は解決しました。「彼らはたいして人の服を気にしていない」――そのことに気づいたからです。服なんて、ジャケットさえ着ていればＯＫ。むしろ、**彼らが見ているのはもっと細部に寄った部分でした。具体的にいうと「腕時計」**です。

実際のところ、服のブランドに詳しい人なんてそんなに多くありません。服というのはかなり趣味性の高いものです。しかし、腕時計と靴はわりと一目で値段相場が見て取れ、相手の価値を値踏みするときの判断材料になります。安い時計をしているだけで、ビジネス的にも不利になる可能性があるのです。

僕はこういった社会的約束事を「茶番」だと感じてしまうところが非常に強いですし、おっさん同士の腕時計マウンティング合戦なんてのは本当にお寒いものだと思うのですが（本当に好きな人はもちろん別ですよ。よい腕時計を好むのはよい趣味だと思います）、それでもやはり身なりでその人を判断するところがゼロかといえば、そんなことはないといわざるを得ません。

●アップルウォッチは4万円でも「安い」

結論として、僕らのようなおしゃれ、センスと無縁の人間たちが選ぶべき時計は、たったひとつ。「アップルウォッチ」です。アップルウォッチは4万円台（Apple Watch Series 5）とそんなに安いものではありません。すいません見栄を張りました、高いです。しかし、高級時計と比較したら、その価格は比べ物にならない。実際、**10万円の時計というのはおっさんたちの世界ではむしろ「安物」に属する**そうなのです。

僕みたいな小僧からするとあまり想像がつきませんが、腕時計について調べていくと、やはりこの相場観は一定正しいのだろうという気がしました。

アップルウォッチを身につけるだけで、僕らは「**私はそれなりにお金を持っていて、しかも他人から自分がどう見られるかの一定の意識ができる人間です**」と表明することが可能になります。もちろん、LINEの着信が見られたり支払いができたり、実用性もあり便利です。そして、逆に「高級すぎる嫌み」もない。上司がどんな時計をつけていても、アップルウォッチは安心して使えるところがあります。この辺の高すぎず安すぎないブランド構築、アップルは本当にすごい。

今日も社会で繰り広げられる時計マウンティングに勝つ（正確には、同じ土俵に乗らず回避する）ために、アップルウォッチでやっていきましょう。

まとめ

- **下に見られたくなければ、スーツではなく「時計」に気を配れ**
- **アップルは一種の信仰なので、他のスマートウォッチではダメです**
- **アップル教にフリーライドだ！**

Hack

27

「ジャケット＋スラックス」を信じろ

型を覚えよう

●汎用性の高い「型」を覚えよう

服というのは「**社会的コード**」そのものです。社会的コードとは、「**あなたはここがどういう場所なのか理解して、その場に見合った振る舞いをしてくださいね**」という見えないメッセージのこと。インターネットを眺めてみると「社会人として正しい着こなし」みたいな記事がたくさん出てきますし、それらはだいたいのところ正しいのですが、それでも現実問題を言うと「正しい着こなし」は所属する集団によって規定されるものです。ある場所で正しい着こなしはある場所で間違いになる、そういうことはとてもよくあります。銀行員は銀行員ぽい服を、広告代理店の人は広告代理店ぽい服を、ＩＴ社長はＩＴ社長っぽい服を着ていますよね。

空気が読めない発達障害者の僕らは、これを読み取るのが大変苦手です。

僕もできればジーンズにシャツで毎日暮らしたいのですが、実際のところはそうもいきません。また、ＡＳＤ傾向の強い方は独特の譲れないこだわりを持っている場合も非常に多く、それらと社会的要請をすり合わせるには非常に苦労するところがあります。

では、あらゆる社会的コードに対応できる便利な服とは何か。僕の長年の研究の結果、その答えは「ビジネスカジュアルスタイル」と結論づけられました。あ、すごく嫌な顔になった方いらっしゃいますよね。はい、わかります。スーツならともかく、ビジネスカジュアルって意味わかんねえよってやつですよね。ネットで調べてもなんかあいまいなことが書いてあってイラつきますね。安心してください。そこにも答えが出ています。

ビジネスカジュアルスタイルをめちゃくちゃ雑に要約すると、

「ジャケット＋シャツ＋パンツ＋カジュアルすぎない靴（とりあえず、紐のついた革靴、もしくはローファーだと思えばいいです）」

の組み合わせのことです。まずはこの「型（組み合わせ）」を覚えて帰ってください。

●私服も仕事も、最悪なホームパーティーにも使える

このビジネスカジュアルスタイル、業種によっては「仕事着」にもあるいは「私服」

にもなり、オフィスはもちろん、会食、デートなどのプライベートでも使えます。不意にドレスコードのあるレストランに行くことになってもひと安心の服といえます（「会社にはグレースーツにワイシャツで来い」というお仕事の場合は使えませんが、それは悩む必要がないのでいいですよね）。

たとえば、想像してみてください。会社の部長クラスに、突然ホームパーティーに呼ばれてしまった。本当に最悪のイベントです。しかし、バックレるわけにもいきません。さて、あなたは何を着て行けばいいでしょうか。ジーンズにシャツというわけにはさすがにいかないだろう、しかし休日のパーティーでスーツというのもいかにもまずそうだ……。こうした最悪かつ難易度が高いイベントにも対応できます。

僕はもう、これが便利すぎるので基本的に私服も仕事もビジネスカジュアルで固めてしまっています。だってラクなんだもん！

●点ではなくて「型」で考える

具体的にどんなジャケットを買うか、シャツは何色がいいのか、と迷ったときの一番簡単な方法は、紳士服店（原宿のおしゃれ服屋と違って周囲にはおっさんしかいません。安心です。僕は身体が大きいのでサカゼンさんを愛用しています）に出向いて、「ビジネスカジュアルで揃えたいのですが、一番無難なジャケットとスラックスの組み合わせをください」といってみることです。紳士服の店員さんは、何でも教えてくれます。

あとは、そこで買ったアイテムに合わせてバリエーションを増やしていきましょう。注意点としては、ジャケットだけ、シャツだけの「点」では考えず、あくまで「ジャケット＋シャツ＋パンツ」の「型」（組み合わせ）で考えるのが、混乱しないコツです。きちんとしたいならスラックス、ちょっとカジュアルめにしたいならチノパンという感じで応用してみてください。

「おしゃれ」をしようとするのはとても難しい。でも、「どこに行っても大丈夫な服を着る」のはそう難しくないのです。これさえ習得すれば、もう何を着ていくかで困ることはないでしょう。

まとめ

- 服を着るとは、自らを社会的コードに合わせることである
- 最強の「型」は、ジャケット＋シャツ＋スラックス
- 紳士服屋さんは僕らにとっての安全地帯です。「全部教えて」でＯＫ！

Hack

28

「部族のユニフォーム」はミリ単位で微調整しよう

●不動産業界に生息する「ツーブロックゴリラ」部族

「社会的コード」という点から見たとき、最も汎用性の高い服は「ビジネスカジュアルスタイル」である。これを知っておくことは、身だしなみサバイバルにおいて、最低限かつ最大の武器になります。ここまでで終わりにしてもいいのですが、みなさんの職場は千差万別。例外にぶち当たったときに「要するに正解はなんなんだよ！」という怒りが発生するかもしれません。その対応策についても補足しておきます。

会社とは、同質的な人々が集まって協働している集団、すなわち部族です。部族には、その部族にしかわからない掟があり、それに沿った「部族のユニフォーム」があります。

たとえば、僕は不動産営業ですのでこんな同業者をよく見かけます。髪型は左右を刈り上げた短めのツーブロックをオールバックに、スーツは紺のガッツリストライプ、あるいは薄めのネイビーカラー。それにジレを合わせて、靴は先がとんがって反ったポインテッドトゥ。派手な本革かばんを合わせて腕時計はもちろんこれみよがしに高級なもの……。

これは、俗に「**ツーブロックゴリラ**」と称される「ガンガン物件を売ってガンガン歩合を稼ぐ」タイプの不動産営業における典型的なスタイルなのですが、おそらくこの本を読んでいる人の中には、このタイプの人物に好感を抱く人はほとんどいないでしょう。

しかし、ガンガンお客さんにアタックして「自分は稼いでいる、有能なのだ」と見せつけて契約を取る営業マンにとって、これはまさしく「正しい着こなし」なのです。ちなみに、彼らも遊びに行くときは髪を下ろして刈り上げツーブロックを目立たないようにして、伊達メガネなんかかけて柔らかい印象をつくったりします。あれはまさしく部族のユニフォームなのです。

この恰好は、「ゴリゴリの不動産営業マン」としての空気を読んだものであって、他の場所では当然不適当な装いになります。こんなやつが銀行にいたり、国勢調査の訪問でやってきたりしたら「なんだあいつは？」ってなってしまいますよね。

こういった部族のユニフォームにおける正解は、残念ながら明文化されません。会社で浮かない服を着るためには、さまざまな集団における部族のユニフォームを上手にトレースし、微調整していく必要があるのです。

具体的には、あなたが普段会う人間をよく観察してみてください。正解は常にそこにあります。

すると、「さすがにあの着こなしはひどい」という人も目に入る機会が多くなり、大いに安心できるはずです。大丈夫です、世の中の人の大半は全然おしゃれなんかではありません。社会的コードに合わせてなんとなくやっているだけです。ただ、観察するときの勘所みたいなものはありますので、以下に挙げておきます。

●「部族のユニフォーム」観察のポイント

最初にざっくり、次のような自分の部族の「基本の型」を知ることが大事です。

・毎日グレースーツに白シャツでＯＫ
・毎日スーツだが、一定のスタイルが必要とされる

・毎日ビジネスカジュアル
・毎日Tシャツにスニーカー
etc.

次に、あなたの職場特有の「約束ごと」がないかを確認します。これは、上司や先輩の服を観察することで、だいたい解決します。僕が見てきた例はこんな感じでした。

・シャツは白以外にどこまでが許容されている？（薄いピンク、水色くらいまでが多い）
・スーツのストライプはアリか？（基本的には着ないほうが無難です）
・ネクタイの色、柄に暗黙の了解はないか？
・内勤でジャケットを脱ぐとき、ジレを着ることが暗黙の了解になってないか？
・スリッポンやローファーをスーツに合わせるのはアリか？（原則ダメなのだけれど、それが基本という職場もよくあります）

こういった職場の暗黙の了解を把握することがまず大切です。その上で、「**上司より明らかに高すぎる服を着ない**」くらいを気にしておけばそれでOKです。あなたはフィールドワーク中の文化人類学者のように、職場の社会的コードを読み取ればいいのです。気楽に、うまいこと部族に合わせていきましょう。

まとめ

- **会社（あるいは社会的集団）には、ユニフォームがある**
- **地雷を踏まないためには、とりあえず「上司より地味に」から始めよう**
- **文化人類学者のつもりで「観察」を楽しむ**

Hack

29

「たたむ」「収納する」これは悪い文化です

●収納は「かける」に特化する

みなさま、洗濯は得意ですか？　僕は大の苦手です。もちろん、服を洗濯機に放り込んで洗剤を入れてボタンをポチっと押すところまではいいんです。そこから先の、取り出してシワを取って、干してたたんで収納する。これがどうしてもできません。若いころは、洗濯して干した服を部屋の片隅に常に放り投げていたため、常に部屋に服の山が屹立していたこともありました。使うときになると、その中からゴソゴソと服を発掘して着るのです。このせいでなんど待ち合わせに遅刻したか、思い出せないくらいです。着たいシャツが急いでいるときに限って見つからない……。

この問題を解決する方法はあります。まず覚えておいていただきたいのは「たたんで収納する」「引き出しに服をしまう」これらは、完全に悪い文化だということ。あんなことをわざわざやる必要はない。まずはこれを認識することが重要になります。

あなたが買うべきものは、３種類。

・大きなハンガーラック

・**大量のハンガー**
・**ランドリーバスケットを2つ（下着用、靴下用）**

これで、かけられる服はすべて、ハンガーにかけてしまいます。**服の収納を「かける」に特化するのです。**

そして、その下のランドリーバスケットには下着類などの、シワがついても気にならないものをまとめてぶちこんでしまいましょう。アンダーウェアにきちんとアイロンがかかっている必要、実はないですよね？

なお、クリーニング屋を使う場合は、３つめのランドリーバスケットを用意して、クリーニングに出すべき服をまとめてぶちこんでおくことにしましょう。たまってきたなと思ったら、クリーニング屋に持っていく。返ってきたらハンガーラックにかける。これだけです。

●服を循環させよう

服の管理とは「システム」です。このかける収納を始めると、服が「循環」するのが見て取れるようになると思います。ハンガーラックからあなたの身体へ、あなたの身体から洗濯機へ、洗濯機からハンガーラックへ。この形ができればしめたものです。

結局のところ、あなたの部屋の床に洗濯物がうずたかく積もっていくのは、この循環がどこかで止まってしまっているからに他なりません。そして、その停止ポイントはおそらく「たたむ」「収納する」のあたりでしょう。できないことはやらないのが一番です。

あなたの引き出しの中には永遠の眠りについている服のデッドストックがたくさんあるのではないでしょうか。あの服が目覚めることはおそらくないので、ひきだしごと全部捨てちゃったほうがいいですよ。くりかえしになりますが「見えないものは存在しない」が僕らの収納の鉄則です。

まとめ

- **洗濯から服の管理までをシステム化しよう**
- **床の「服の山」はかける収納で解決できる**

Hack

30

安物のスーツでも「ちゃんとした人」に見せる

値段より清潔さ!

●社会的コード以上に大切なこと

よく、マナーの先生が「品格が服装ににじみ出る」とか「人柄は細部に出る」とかいいますよね。僕はあれが、すごく嫌いです。僕みたいにいい加減な人間だって、服で武装したらいくらでも「ちゃんとした人」に見える。そう思えないと、この世界は辛くてやってられません。

そういうわけで、服の管理というお話に連なって、この章で最も重要なお話を最後にさせていただきます。おしゃれとか、社会的コードが正しいとか、そういうことより何より重要な事項が間違いなく存在して、それは**「きちんと手入れされた服を着ている」**ことです。

基本的に、一定以上の値段のする服や靴というのは、きちんと手入れをして長く使うというのが前提になっています。そして、それはすなわち「手入れを怠ると、本当にひどいことになってしまう」という残酷な事実を意味します。

たとえば、１００万円のジャケットが毛玉だらけだったらどうでしょう。長年何の手入れもされていない、変形して色あせた高級革靴を想像してみてください。これはもう、クリーニングしたばかりの安物ジャケット、1万円の新品の靴の方がよっぽどいいというお話になってしまいます。

すごいブランドのとてもお高いスーツは、多くの人にとって「なんか高そうなスーツだな」くらいの印象しか与えません。しかし、**型崩れした高級スーツを着ている人は、間違いなく悪い印象**を持たれてしまいます。実のところをいえば、服のブランドなんかより、本当に大事なのはこういうところなのです。

そういうわけで、細かいことはなしです。まずこれだけは最低限用意して、すぐに使えて、かつ視界に入る場所にセットしておきましょう。僕は玄関の近くにまとめて置いてあります。社会人としての身なりには、最低限必要な品ぞろえです。

・幅の広いスーツ専用ハンガー
・スラックスのシワを取るズボンプレッサー
・スーツやジャケットの毛玉やホコリを取るブラシ
・靴の形を保つシューキーパー

・靴磨き道具ワンセット

●パリっとした安物を堂々と着る

ただしこういった「手入れ」がどうしても苦手であるなら——というより苦手な人が多いと思いますので——この際**アイテムはみな一定期間使ったら気兼ねなく処分できる安物で固める**というのももちろんアリです。手入れのされてない高級品より、新しい安物のほうが社会的フォーマットとしてはよっぽど適切です（もちろん、あなたが高級マンションを売る営業マンだったりする場合はちょっと話が別になるかもしれませんけれど）。

ちなみに僕は、みなさんご存じの通り「手入れ」はあまり得意ではないので、常時手入れが必要な靴などはあまり持ちすぎないように心がけています。パリっとした安物を堂々と着る。これもまた、とてもいいやり方なのです。本当は僕も本革のブーツとか欲しいんですけどね……。

まとめ

・何をおいても「服の手入れ」が一番大事
・手入れしたくないなら、安いものをすぐ買い替える
・安物も手入れはしたほうが長持ちはする。できるだけはやってみよう

CHAPTER 6

［食事］

ずぼら完全対応版 自炊ハック

発達障害サバイバルの大原則【食事編】

レシピがだるくて覚えられないあなたへ

自炊はだるいが武器になる

僕はこの1年で20キロほど太りました。忙しく、自炊をほとんどしていなかったからです。あと、ほぼパソコンの前に座ってたせいもある。体調の悪さと体重増加に限界を感じて、最近慌てて自炊に戻したらあっという間に全身のむくみが消滅し身体がびっくりするほど軽くなりました。体重も即数キロ落ちました……。

発達障害を抱えた人の中には、僕と同じような状況で健康を損なった経験がある人が少なくないのではないでしょうか。僕も本当に反省しきりです。忙しかったけど、せめてもうちょっと頑張っておけばよかった……。いや、「この多忙な中そんなものを気にしている暇はない、あとラーメンうまい。チャーシュー丼もうまい」とかやってたの本当にアホかと思います。いやね、近所に気持ちの入ったうまいラーメン屋さんがあってさ、魚介ダシが効いててうまくて麺も大盛りにすると生麺で３００グラム入れてくれてしかも大盛り無料なんだよ……。

僕は外食大好きです。ラーメンもそばもうどんもスタ丼も牛丼もこよなく愛しています。ジャンクフードは栄養的に褒められたものではないですが、心を癒す作用は大変優れていると思います。ときにはそういうものも必要なのは間違いありません。でも、物事には限度がある。

僕らはとりあえず、滋養のある食事をしなければいけない。これは数少ない、「真理」と呼べることでしょう。めしは食わねばならない。

しかし、この食事というやつはその一方非常に厄介なやつです。まず、つくるのがめんどくさい。この「めんどくさい」という人生のラスボスを倒さないと鍋を振ることはできません。僕は一時飲食店を経営して厨房に立っていましたが、それでもめしをつくるのはいまだにかったるいです。

料理は「メタ化」するとできるようになる

基本的に日常の食事は、「具体的な料理」を狙ってつくろうと思うと非常に厄介です。「冷蔵庫の中にあるもので何がつくれるかな？」というところまで到達すると大変ラクになります。僕は買い物のときに食材の繰り回しなんて1ミリも考えません。安いものをバシバシ買い、冷蔵庫にあるもので自炊します。普通の人は「1週間分の献立」とか考えられるのかもしれませんが、どこに出しても恥ずかしくないＡＤＨＤマンである僕にそんなことは不可能です。

僕を含め発達障害傾向のある方は、「丸暗記」が苦手な場合が多いのではないかと思います。僕も、レシピは全く覚えられません。覚えるべきものの全体が見渡せて初めて記憶や思考が作動するので、目の前の作業だけを取り出して解説されると、脳みそがストップしてしまうのです。

そういうわけでこのCHAPTER6では、レシピをたくさん紹介するとか、細かい工夫をお伝えすることはしません。料理はどのように成り立っているのか。この本質の部分だけを抽出して、あなたに手渡すことをモットーとしています。要は**料理というものを抽象化し、メタ化して覚える**のです。

料理には、基本原則があります。このように調理すれば、このように味つけすればおいしいというどんなジャンルの料理でも共通する根底的な原則は間違いなく存在します。原則を理解すれば、「だいたいこれくらい」という分量もつかめてきますし（僕は日常的な料理において、大さじや小さじを使うことはほとんどありません）、味見で微調整をすることが可能になります。

もちろん、原則から外れる例外もゼロではありませんが、「おいしい料理」を構成する理屈は、実はそれほど難しいものではありません。これを知れば、レシピをひとつひとつ調べなくても、自分で料理を「組み立てる」ことが可能になります。冷蔵庫にある材料に合わせて、自分のオリジナル料理をつくっていくことさえできるのです。

食はサバイバルの基礎。料理ができれば人生は楽しくなります。お楽しみください。

Hack

31

最低限生きていく「食のベース」を常備せよ

「栄養だけ」は心を壊す

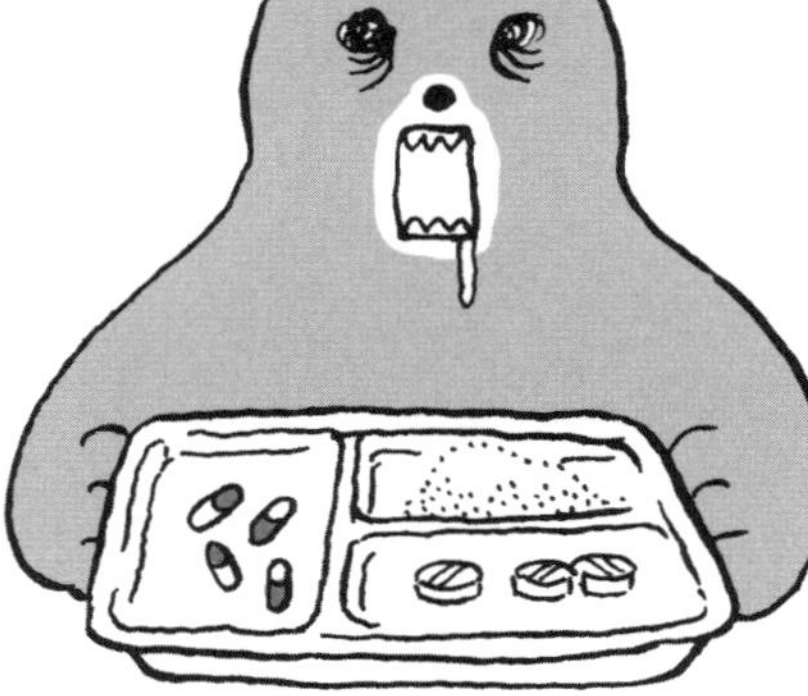

●「栄養だけ」は、心の健康を崩す

きちんと栄養を摂る。これが自炊の第一の目的です。しかし、三大栄養素といわれる炭水化物、タンパク質、脂質。これに加えて、ビタミンやミネラル、そして食物繊維。これらを三食でバランスよく摂取することを考えると、脳がもじゃもじゃします。

適当な食事をやっているとそれはおおよそ「炭水化物ばかり食べてお腹をふさぐ」ということになりがちです。安価で手間なく食べられる食べ物というのはだいたいのところ炭水化物ですよね。菓子パン、インスタントラーメン、おにぎり……。

僕がかつて月収6万円だった頃のこと。栄養を最高効率で摂取するために**「究極お好み焼き」**というやつを3食つくって食べていたことがあります。これは、薄力粉に青汁の粉、プロテインの粉、トドメに難消化性デキストリン（食物繊維）の粉を加え、水で練ってフライパンで焼くという「ディストピア料理」なのですが、これに食塩を加えてビタミン・ミネラルなどをサプリメントで補うと、だいたいは完全栄養食品といえなくもない感じに仕上がります。当時はとにかくお金がなかったので、安く健康に過ごす名案だと大変喜んだのですが、結果として僕は思い切り体調を崩して寝込むことになってしまいました。食事というのは身体の栄養であるとともに「心の栄養」でもあります。人間にとって最も根源的な娯楽である食事でこういうことをしてしまうと、精神的にガックリときてしまうのです。

古代の大金持ちがたくさんの奴隷を使役する上で「食事がまずすぎると暴動が起きる」という教訓を残したと何かの本で読んだことがありますが、現代を生きる我々にとってもその事情はあまり変わりません。長引く会議にピザが届いたら一気に場の空気が和やかになった、そんな体験をしたことがある人は少なくないでしょう。

つまり、自炊においては**「最低限娯楽として機能する程度においしい」**というのが絶対にクリアしなければいけない壁になるということです。

●「世界一意識が低い食材」を揃えよう

そこでおすすめしたいのが**「食べ物のベース」**という捉え方です。これは平たくいえば、台所に常備しておく食品のことです。何はなくても、ウチの台所にはだいたいこれがある。この安心感を手に入れましょう。

①麦

まず、ベースの最初におすすめなのが「麦」です。お米はどうしても糖質に偏りますが、ここに麦を加えて炊くことで食物繊維が加わり、今流行りの糖質を気にする（GI値がどうとかこうとか）健康法にも対応できます。この「麦」、昔は押し麦などでお世辞にもうまいとはいえない食べ物だったのですが、最近よく見かける「もち麦」は大変においしい。米びつのお米に味覚的許容量の限界まで（僕は5割くらい入ってもおいしいと思います）混ぜてしまうだけで一気に栄養が改善します。

究極を目指せばここに玄米を加えることで、これだけ食べていてもそれなりに長期間は生き残れるのではないかというくらいの健康食になってしまうのですが、玄米は風味で好みが分かれるのと、浸水の時間を長くとらなければならないので「米を炊くだけで辛い」みなさまにはおすすめしません。

②ミューズリー

麦に加えて、極めておすすめできるのがミューズリーという食品です。これは、より本質に回帰したコーンフレークというか、乾燥した穀物を寄せ集めて風味づけにドライフルーツなんかを加えた食品なんですが、雑穀の寄せ集めだけに栄養価は抜群。これに牛乳や豆乳をかけたものを朝食用に取り入れるだけで一気に栄養は改善します。食物繊維がたっぷりで噛み応えも豊かなのがダイエット中にはうれしい。若干「トリノエサ」といわれてしまうフシもありますが、その辺が気になる人は別途ドライバナナでもドライレーズンでも買ってきて追加するといいでしょう。

③卵

次はタンパク質です。まず、卵は常備したいですよね。卵は生食さえしないのであれば、けっこう長期保存も利く実に便利な食品です。

④ギョニソとかお肉とか干物とか

卵以外だと「冷蔵庫にはだいたい肉か魚か、最悪魚肉ソーセージ《ギョニソ》はある」くらいの状態を保てば全然ＯＫです。肉なんか焼いて食べればみんなおいしいですし、魚の干物は冷凍も利き、凍ったまま焼いてしまうことも十分可能です。一番ラクで、生でも食べられるのがギョニソです。初心者はここから始めてください。ベーコンなんかも日持ちしていいですね。ブロックで買うのがおすすめです。

⑤ずぼら野菜ベスト5

とりあえず常備の野菜は「じゃがいも」「にんじん」「玉ねぎ」「キャベツ」に絞るのがおすすめです。というのも、この４つは保存性が非常に高いからです。キャベツはちょっと劣りますが、それでも葉物の中では最高クラスの性能です。反対に、最も扱いにくい野菜は生トマトです。「トマト缶」で代替しましょう。

まとめ

- **「栄養だけ摂ればいい」は危険。心の健康には「おいしさ」が大事です**
- **栄養が摂れて腐らない食材を冷蔵庫に常備しよう**

Hack

32

「味の素＋塩」で9割の料理はおいしくなる

●「レトルトパスタソースを伸ばす」が味つけの基本

料理がまずくなる要因は無数にありますが、最も大きい要因は「味つけ」です。上手な味つけさえできれば、他が多少いい加減でも、それなりにおいしい料理には仕上がるものです。この味つけの勘所がわからない。これが多くの人に共有されるお悩みではないでしょうか。

さて、それでは**味つけの基本**を覚えるために次の材料を用意してください。

・たらこスパゲティのレトルトソース
・塩
・味の素（昆布茶、塩昆布でも可）
・かつおぶし
・スパゲティ（２００〜３００グラムくらい）

たらこスパゲティ、おいしいですよね。僕も大好きです。生のたらこでつくっても乙なものですが、市販のレトルトソースも大変においしい。しかし、市販のレトルトソースにはたいていの場合大きな欠陥があります。「パスタは１００グラム」というあれです。

僕にとって、パスタ１００グラムなんて量は前菜にしかなりません。お腹いっぱいになるには最低２００グラムは必要です。そこでパスタソースを「伸ばす」必要が出てきます（あなたが１００グラムでお腹いっぱいになる人だとしても、ちょっとそこは我慢して話を聞いてください）。

１００グラムのパスタに味をつけるために調味された市販のレトルトソースを2倍の量のパスタに絡めれば、当然味が薄くて食べられたものではなくなります。なので、当然に味を足してやる必要が出てきます。

さぁ、かつおぶし、味の素、塩の３つの材料を加えて２００グラムのパスタにぴったりの味まで調えてみましょう。混ぜていくとどこかで薄かった味が「おいしい」状態になるはずです。塩と味の素は入れすぎると食べられなくなるので、かつおぶしから順番に味見しながら少しずつやるのがコツです。

はい、できましたね。どうです？　そりゃあ元のソースの味には劣るかもしれませんが、なかなかにおいしいでしょう。レトルトソース１パックでお腹いっぱいパスタを食べることにあなたは成功したのではないかと思います。

これであなたは「味つけ」を習得することに成功しました。

「え?」といわれてしまいそうですが、実はこの世界におけるほとんどの料理の味つけは、この原理の応用に過ぎないのです。

●おいしい料理＝十分なうまみ＋適切な塩

長々説明してきましたが、「**おいしい料理というのは十分な量のうまみに適切な塩味がついているもののこと**」。これが結論です（※ちなみに先ほどの例の場合は、カツオのイノシン酸、そして味の素のグルタミン酸という2つのうまみ成分が相乗しておいしくなったわけです。これは和食における基本のだしの構成そのものです。グルタミン酸は昆布のうまみ成分ですね）。

あなたの料理がおいしくない理由はおおよその場合、うまみが足りないのです。塩が足りないという場合もありますが、これはたいていの人が気づくでしょう。「とにかくかつおぶしと味の素を入れればうまいのか」という極めて乱暴な理解でも、実をいえば問題ありません。

たとえば、なんだかみそ汁が水っぽくてうまくない、あるいはホウレンソウのおひたしがなんだか味気ない。こういうときにかつおぶしと味の素を足せば、安直においしくなってしまいます。

あなたの焼く卵焼きがなんだか油っぽくて味気ないと思うなら、とりあえず溶き卵にかつおぶしと味の素を入れてみましょう。「これ、だし巻き卵じゃん」と気づくはずです。もちろん、プロの料理人がつくるしっかりとだしを引いただし巻きと同じとはいきませんが、それでも格段においしくなるのが体感できるはずです。何も入れない卵を焼いてしょうゆをかけていたのとは雲泥の差がそこには生まれてきます。

●うまみは入れすぎても大丈夫

素晴らしいことに、「うまみ」というのは**濃すぎる分にはまずくならない**特質を持っています。

たとえばラーメン。あれはうまみ濃度の極限に挑むようなエクストリーム料理ですが、「うまみが強すぎてまずい」と感じたことがある人はただの一人もいないはずです。

家系ラーメン、おいしいですよね。僕も大好きです。あれ、実はとんでもない量のトンコツを煮込んだうまみ爆弾みたいな料理なんですよ。だからこそ、ラーメンを食べながらさらにご飯を食べてもおいしいのです。おまけに、ご飯で塩気が薄くなった分を補う豆板醤（実はあれ、ものすごくしょっぱいのです。だから常温でも腐りません）やニンニクが置いてあるのですから理に適っていますよね。家系ラーメンでライス、最高です。

うまみの材料はたくさん揃えておくに越したことはありません。スーパーに行けば実にさまざまなだし材が売っていますので、ぜひ眺めてみてください。お湯に放り込むだけでだし汁が取れるだしパック、あるいはお湯に溶くだけでだし汁のできる顆粒だしも便利です。かつおぶしでだしを取るのもやってみたら結構簡単です。

まとめ

- **味つけの基本は「十分なうまみ＋塩」**
- **味つけの練習は、「パスタソースを伸ばす」でやってみる**

Hack

33

「しょうゆの入れすぎ」がすべてを台無しにする

●肉じゃががまずくなる理由は「しょうゆ」にあり

肉じゃが、上手につくれますか？

これはあまり知られていないことですが、「肉じゃが」というのは家庭料理の中でもかなり難しいほうにランクインします。先だって説明した味つけの基本がわかっていない人が肉じゃがをつくると、たいていは大惨事になります。

じゃがいもはドロドロに溶けて半ば液状化、味はなんだかぼんやりとして捉えどころがない、あるいはしょうゆの味しかしない。平たくいっておいしくない。そんな肉じゃがをつくってしまった人は少なくないでしょう。

でも大丈夫。あなたはすでに、味つけの基本をマスターしています。そう、うまみを濃くして塩を適量加えればいいのです。それですべてはおいしくなる。基本は何ひとつ変わりません。

では、十分なうまみの濃度があるにもかかわらず肉じゃがの味つけがまずくなる原因とは何か。それは「しょうゆ」にあります。

しょうゆというのは非常においしい調味料ですし、和食ではとにかくよく使われます。ただ、実は「おいしすぎる」調味料でもあるのです。しょうゆを入れすぎた料理はすべてしょうゆの味しかしなくなるということです。

たとえば想像してみてください。洋食屋さんであなたはオニオンスープを頼みました。しっかりと材料のうまみが出た透明なスープに甘く煮えた玉ねぎが浮かんでいます。ここにしょうゆをひとさじ入れたらどうなるか。台無しですね。

●なぜ、「台無し」になったのか？

「十分なうまみ＋適切な塩＝おいしい」。この「味つけ」の大原則に加えて覚えておくといいのが「**風味**」という概念です。

料理というのはさまざまな素材や調味料の風味がバランスよく組み合わさっています。肉じゃがは、いもの土の香り、にんじんや玉ねぎの甘さ、だしのうまみ……これらが非常に淡いところで溶け合っている繊細な組み立ての料理です。ここに、しょうゆを入れすぎることで、一発で致死水準に達してしまう。

しょうゆは「塩味をつける」ものではなく「風味をつける」ものなのです。ほんの少し加えてしょうゆの風味を与え、あとは塩で味の最終調整をする（料理人の専門用語では「塩を決める」といいます）のが、正しい使い方です。

調味料は風味をつけるもの。入れすぎてはいけない。これが正解です。

ちなみに「カレールー」や「みそ」は風味がとても強く、「ほんの少しでも入れたらその味にすべてを支配される」核爆弾のような存在です。カレー味、みそ味はそれなりにおいしいので、初心者にはラクなのですが（カレーライスは肉じゃがよりも圧倒的に成功しやすいですよね）、これしかできないと、つくれる料理が圧倒的に少なくなりますし、何をつくっても同じ味になるのでいずれは飽きます。やはり、自分で味を調整するやり方を覚えたほうがいいと僕は思います。

まとめ

- **しょうゆを入れすぎると料理はまずくなる**
- **調味料は「塩味をつける」ものではなく「風味をつける」もの**

Hack

34

皮は一切むかなくていい

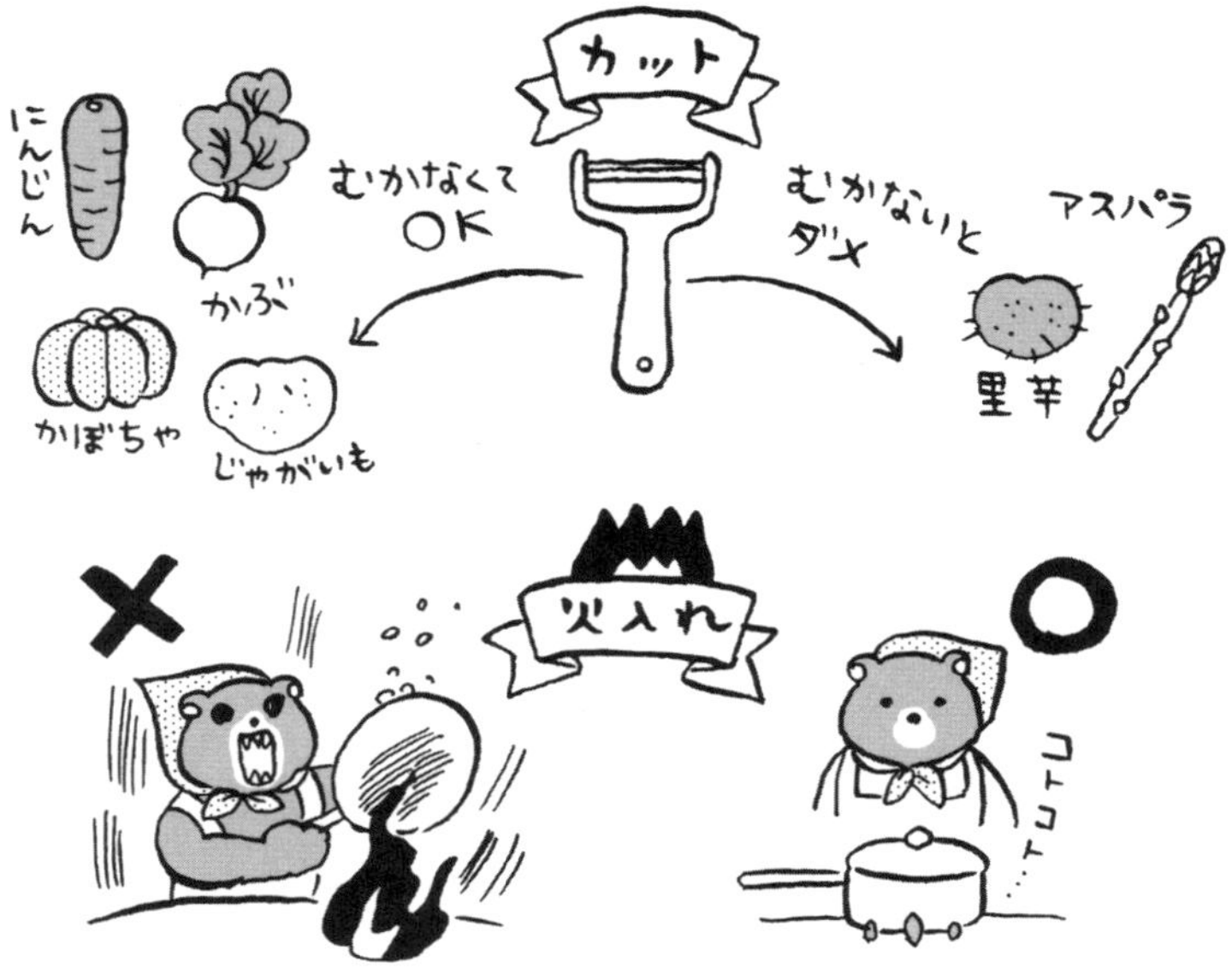

●もうひとつの基本「カットと火入れ」

これでおいしい肉じゃががつくれるようになりましたね、といいたいところなのですが、実はここまでの話はすべて「味つけ」に限定した話です。もうひとつ、料理には大切な要素があります。飲食界隈の言葉でいえば、「カットと火入れ」です。

カットとは、文字通り「食材を切る」こと。火入れとは、「加熱」を意味する料理用語。

あなたが覚えておくべきは**「どんな料理でも食材はほぼ均等に切り、弱火でコトコト煮る」**ということ。これは炒め物にも煮込み料理にも共通の原則です。

均等に切る理由は、同じ鍋で調理する食材の大きさが2倍も3倍も違えば、ひとつは煮えすぎでもうひとつは生煮えという事態が起きてしまうからです。

カレーにじゃがいもを入れたことがあれば、小さなじゃがいもが煮溶けて消滅してしまった思い出が誰しもあると思います。カレーならじゃがいもが多少溶けてもなんの問題もありませんが、肉じゃがの場合は大惨事になる。**「ゲルじゃが」**です。逆にいえば、プラスマイナス2〜3割の範囲でカットのサイズが揃っていれば、何の問題もありません。

弱火にする理由は、火が強いと鍋の中で強力な対流が起きて食材同士がぶつかりあい砕けていってしまうからです。これがいわゆる「煮崩れる」という現象の正体です。

●間違った信仰を捨てよ

実は料理というのはわりと信仰の世界で「ぶっちゃけ省略してもうまい」「実はそれをやるとまずくなる」調理工程がかなり存在しています。ちまたで出回っている料理の常識は「非本質の塊」といっても過言ではありません。特に多いのが、この「カットと火入れ」の工程です。

代表的な「間違った信仰の例」を挙げておきますので、今すぐ改宗してください。

・皮むき信仰

僕が最優先で「省く」ことをおすすめしたいのが、「皮をむく」工程です。じゃがいも、にんじん、かぼちゃ、大根、かぶ……。僕は野菜の皮なんてほとんどむきません。皮つきのじゃがいもでつくった肉じゃが、うまいですよ。

・強火信仰

「おいしい料理には強力な火が必要」という信仰は根強くあります。これは、中華料理の料理人が吹き上がる巨大な火の中で鍋を振っているところから生まれたものでしょう。しかし、前述した原則の通り、プロの料理において圧倒的に用いられるのは、「弱火」です。しかも、とろとろに弱く一定した温度であれば申し分ありません。

中華料理において猛烈な火を使う理由は一にも二にも効率のためです。あの燃え上がる火の上で中華鍋を振っている局面は、実は「加熱」ではなく「味つけ」のパートなのです。一瞬で調味液と具を馴染ませ、大量の料理を冷まさずに味つけしながらかき混ぜるためには巨大な火が必要ということにすぎません。

・面取り信仰

肉じゃが、おでん、里芋の煮っころがし。こういう料理は「きれいに面取りしましょう」っていう人がいますよね。だけど、自炊でやってらんないでしょうそんなの。まずは強火で鍋をボコボコと煮立たせない、そしてもうひとつ重要な「混ぜすぎない」。この2つさえ守れば肉じゃがが煮崩れることはありません。

僕は、飲食の世界で働いていましたが、プロの世界であればあるほど

・本質的な工程＝味に直結する
・非本質的な工程＝味に直結しない

は明確に分けられ、後者は徹底的に省略されます。プロは忙しいのです。無意味な工程などやってられません。つまり、料理の原理原則「だけ」をメタ的に覚えるという本書のずぼら自炊術は、結果的にプロの料理と重なる部分が多くなるのです。最近のおでん屋さん、面取りをしないところ増えてきていますね。

さあ、これであなたは味つけ、カット、火入れという料理の基本要素をすべて理解しました。今回は肉じゃがをテーマにとってやりましたが、炒め物であれ焼きものであれ基本は全く変わりません。ここまでの知識があれば、あなたは必ずおいしい料理

をつくれます。ぜひ、試してみてください。

まとめ

- 煮崩れの原因は「強い火」と「混ぜすぎ」
- 強火が必要な料理はとても少ない
- 味に関係ない作業を徹底的に省け

Hack

35

レシピは「メタ化」すると無限に応用できる

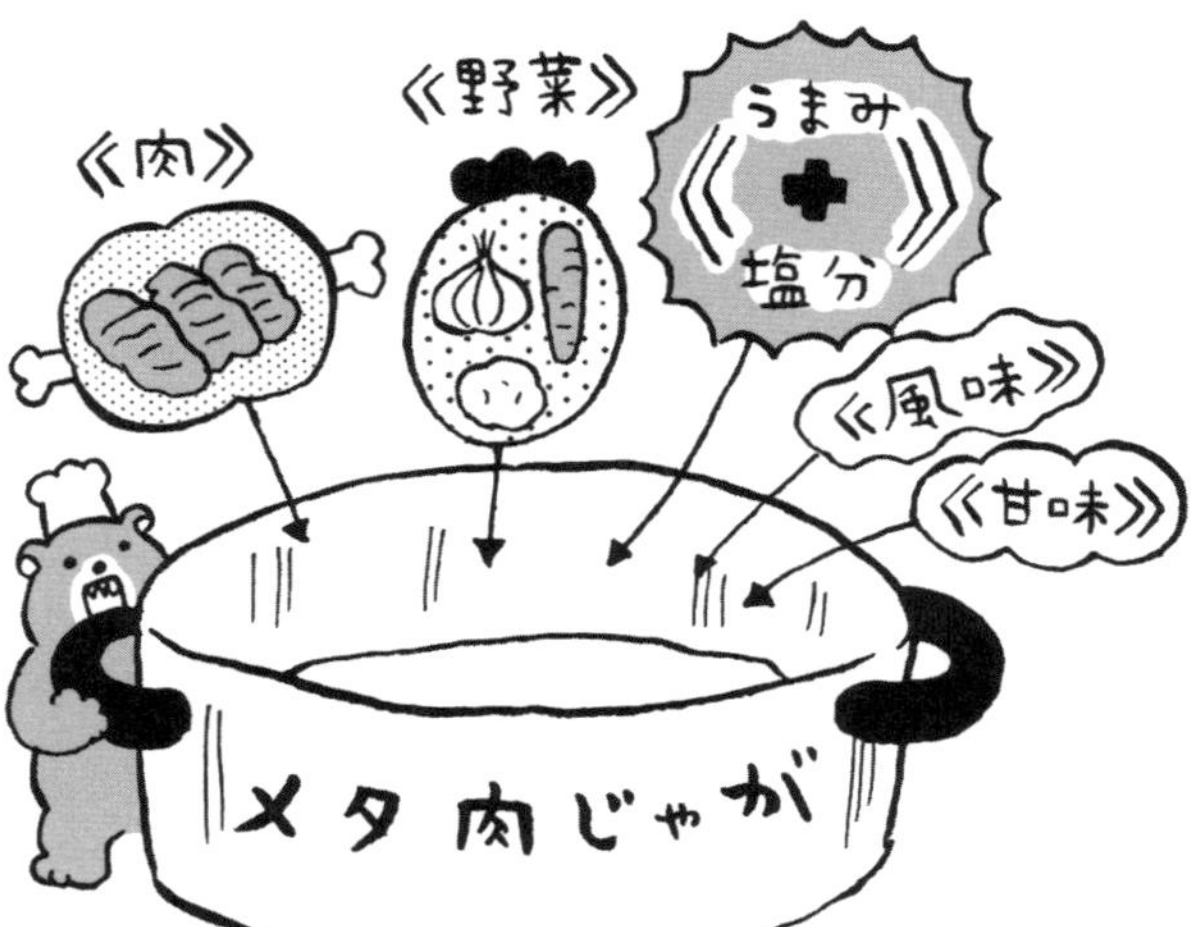

●料理の「メタ化」とは何か

ここまでで説明した味つけの基本、「おいしい料理＝十分な量のうまみ＋適切な塩分」「調味料は風味をつけるもの、入れすぎてはいけない」この２つをおさえておくだけで、実はあらゆる料理は無限に応用することができます。試しに、肉じゃがの応用を考えてみましょう。肉じゃがの標準レシピは、こんな感じだと思います。

【肉じゃがのレシピ】

１　豚肉を炒める
２　玉ねぎ、じゃがいも、にんじんを加えて炒める
３　だし汁《うまみ》を加える
４　塩《塩分》、しょうゆ《風味》、砂糖、みりん《甘味》、などを加えて味が染みるまで煮込む

アレンジするときに重要なのが、「だし汁は味つけの基本で出てきた《うまみ》だな。十分に加えよう」「しょうゆは《風味》をつけるものだから、入れすぎに注意だな」と、材料ひとつひとつの抽象度を上げて考えていくことです。さらにいえば「豚肉は《肉》だから他の肉に換えられるかな」「にんじんを、他の《野菜》に換えられるかな」と考えると、応用の幅がどんどん広がります。

たとえば、豚肉を鶏肉に変更し、だし汁を鶏ガラスープに換えてみましょう。にんじんはネギにでも換えてみますか。これで「中華風肉じゃが」ができあがりました。

【肉じゃがの応用レシピ①：中華風肉じゃが】

1　鶏肉を炒める
2　玉ねぎ、じゃがいも、ネギを加えて炒める
3　鶏ガラスープ《うまみ》を加える
4　塩《塩分》、しょうゆ《風味》、みりん《甘味》、などを加えて味が染みるまで煮込む

さらに、豚肉を羊肉に、しょうゆをクミンに換えてみたら「中東風肉じゃが」ですね。見慣れない食材が出てくるので難しそうに見えるかもしれませんが、しょうゆを使うジャパニーズ肉じゃがよりずっと簡単です。鶏ガラスープが十分に濃く、塩がきちんと決まっていればまずくなりようがありません。

【肉じゃがの応用レシピ②：中東風肉じゃが】

1　羊の細切れ肉とにんにくを刻んだものをオリーブオイルで炒める
2　玉ねぎ、じゃがいもを加えて炒める
3　鶏がらスープ《うまみ》を注いで煮込む
4　塩《塩分》とクミン《風味》で味を調える

味つけは、《うまみ》《塩分》《風味》《甘味》の4つを組み合わせればそれは料理になります。かなり乱暴ですが、決して間違ってはいません。ぜひ、自由に置き換えてみてください（※なお、《甘味》は味つけの基本に出てきていませんが、致命的なものではないので、適当に入れれば大丈夫です）。

【味つけの応用】
《うまみ》かつおだし、鶏ガラスープ、干しエビ、昆布、味の素　など
《塩分》塩
《風味》しょうゆ、みそ、オイスターソース、豆板醤、コチュジャン、ナンプラー、カレー粉、オリーブオイル　など
《甘味》砂糖、みりん、炒め玉ねぎ　など

じゃがいものようなたいていの味つけとよく合う食材の場合、ほぼすべての組み合わせがおいしく仕上がります。つまり、肉じゃがというひとつの料理をメタ的に理解できれば、韓国風だろうが中華風だろうが中東風だろうがあらゆる味つけの料理がつくれるのです。これが「メタに覚える」ということの強みです。

●分量は量るな

ここまで読んで塩が何グラムであるとかしょうゆを小さじ1といった計量の話が一切出てこなかったことに違和感を持った方もいらっしゃると思います。でも、思い出してください。たらこのソースを2倍に伸ばすとき、あなたは調味料の計量なんて一切しなかったですよね。味見をしながらジャストな味を探すという一番難しいスキルは、既にあなたの手の内にあるはずです。

実際問題、料理における調味料の量というのは極めて変動的なものです。野菜の大きさも味の濃さもひとつとして同じものはありませんし、肉だってそれこそ豚の一頭一頭の個体差もあれば、部位によっても味は違います。パックの豚肉は常に同じ味ではありません。食材に合わせた微調整は、味見をすればいいだけの話です。

まとめ

- **レシピの一問一答をやめ、メタ理解しよう**
- **味つけは《うまみ》《塩分》《風味》《甘味》の4つを覚える**
- **借金玉式自炊には、大さじ小さじは不要**

Hack

36

料理の効率は「熱源の数」で決まる

●狭小ワンルームが、自炊をだるくさせる

「料理の原則の話はわかったし、パスタソースを伸ばすくらいならやってもいいけどさ、ウチの台所めちゃくちゃ狭いんだよね。コンロも一口しかないし」

僕も長年狭小ワンルームに暮らしてきましたので、この気持ちはよくわかります。しかし、狭小ワンルームという限定された環境でも、工夫次第で調理効率を上げていくことは十分に可能です。

僕は数年前まで都内で飲食店をいくつか経営していました。さまざまな悲しい出来事があってそれらのお店はすべて売却することになってしまったのですが、その話はまぁいいとして（悲しい話はしたくありません）僕がいいたいのは、都内で飲食店を経営するというのは果てしないスペース不足との戦いそのものだということです。

「飲食店の厨房」といえば、家庭用のキッチンとはまるで違うすごい設備がありまえにあると考えている人は少なくないでしょう。しかし、今度カウンター6席くらい

の店主一人で切り盛りする小さな居酒屋にでも行くことがあったら、ぜひ厨房の中をのぞき込んでみてください。「ちょっとリッチな一人暮らしの大学生のほうがマシな台所を持っているのではないか？」という環境で料理をしているはずです。

そりゃあそうです、東京みたいな場所で一番高いものといえば土地。我々料理人はいかに小さいスペースでおいしい料理を効率よくつくるかの追究に血道をあげているのです。別にそんなことをしたいわけではないのですが、やらざるを得ない。

●「調理ケトル」を購入してください

狭小ワンルームにおける調理効率のボトルネックはどこにあるのか。それはまず「熱源」の数にあります。料理にはたいていの場合「加熱」という工程がありますが、一般的な独り暮らしのワンルームにはガスであれ電気であれ熱源はひとつしかありません。野菜を炒めて、鍋をどかして肉を焼き、それからみそ汁をつくる。こんなことをしていてはとんでもなく時間がかかってしまいますし、みそ汁ができ上がる頃に野菜炒めはすっかり冷めきってしまうでしょう。そこでまずは熱源を増やさなければいいけません。

この**「追加熱源」の中で最も便利なものは炊飯器**です。あまりに一般化しているので気づきにくいですが、あれも実は「熱源を増やして調理の効率を上げる」ための道具といえます。ガスで米を炊いていたら効率が悪すぎる、だから炊飯器があるのです。しかも廉価でどこでも売っています。

そういうわけで、僕は炊飯器を炊飯用以外にもうひとつ購入して煮込み料理に非常によく使っていたのですが、最近メーカーさんから「調理に使うのは推奨してないよ」みたいな話も出てきてしまいました。実際、僕は長年炊飯器で豚の角煮もイワシの梅煮もパキスタンカレーも調理してきたし、問題が起きたことは一度もないのですが、偉大なる日本の調理器具メーカーがいうことを無下にもできません。

そこで、まずは調理用炊飯器の代わりに**「調理ケトル」**というものを購入しましょう。値段はせいぜい数千円。これはコンセントにつなぐと加熱できる電力鍋みたいなものですが、ガスより火力が一定していてしかも保温機能もあるという非常に優れた調理器具です。これさえあれば、勉強机の上でも煮込み料理ができます。しかも、ガ

狭小ワンルーム対応の「調理ケトル」

シロカ「おりょうりケトル　ちょいなべ」。小さいが、パスタもスープもいける。

スより熱の当たりがやわらかいので煮込みがうまいこと仕上がります。

さらにもうひとつ何かを買うなら僕は「ＢＲＵＮＯ」というメーカーのコンパクトホットプレートを推奨します。焼いたり炒めたりもできるし、アタッチメントをつければそのまま電気で加熱できる大鍋になります。これと調理ケトルがあるワンルームの台所であれば、よくこなれた料理人なら８人くらいのお客さんをもてなすことが可能になってきます。あなたの夕食くらい、楽勝です。

「自炊はめんどくさい！」というあの

感覚は、熱源不足で作業が並行できず時間がかかりすぎる問題であることが非常に多いです。

まずは熱源を増やし、作業を並行できるようになりましょう。調理ケトルをひとつ増やしてペペロンチーノスパゲティを1回つくってみるだけで、その劇的な効率に気づくはずです。ニンニクとオリーブオイルのソースをつくりながらパスタをゆでられる。たったこれだけで効率は2倍なのですから。二口コンロがある方も、ぜひ火力調整しなくても吹きこぼれない調理ケトルやコンパクトホットプレートを試してみてください。二人分以上の食事をつくるなら、二口コンロでも熱源は足りないと僕は思います。そしてこの作業を並行する「効率化」の感覚をつかんでください。一気にすべてがラクになります。

まとめ

- **自炊がめんどくさいのは、熱源が足りないから**
- **調理ケトルを買うだけで、調理効率は爆上がりします**

Hack

37

皿テトリスを終わりにしよう

●今ある皿を全部捨てて、白か黒の四角い皿を買え

あなたの台所のお皿の収納を見てみてください。狭いスペースにさまざまな形の皿が無理やり詰め込まれているし、全部は収納に入りきらない。そんな人も多いのではないかと思います。あなたの食器棚で恒常的に起きているあの「皿テトリス」は、もう終わりにしましょう。

まず、今ある皿は全部捨ててしまいましょう。購入するべきは、理想をいえば**シンプルな白か黒のスクエアの皿**です。これを大と小の2種類3枚ずつも持てば、二人暮らしの皿需要は十分に満たします。四角い皿をおすすめする理由は、丸よりもスペースに収まりがよいからです。茶碗とお椀も大きさを揃えて積み重ねることが可能なもの、可能であれば大きさを揃えてスタックできるように必要不可欠なものを購入するのが理想です。

とにかく種類を増やしすぎない、形を統一することが重要です。

●食洗機のサイズから「何を買うか」を考える

このライフハックが真の価値を発揮するのは、食洗機と組み合わせたときです。**皿のサイズが揃っていれば、食洗機で一度に洗える枚数は最大化します。**ファストフードのお店で大量の同じ形をした皿がものすごい効率で洗われているのを見たことがある人も多いでしょう。あの便利さを自宅に取り込んだとき、台所は本当に使いやすくなります。これは、狂気のような狭いスペースで料理をつくって提供する飲食店の知恵ですので、狭いキッチンほど効果を発揮します。

もし、あなたが便利なキッチンを手に入れたいと考えるならば、まずやるべきは食洗機を購入し、サイズを把握することです。そして、それに合わせて皿や道具を購入していけば、最高の効率でキッチンを使うことができます。

このお話はひとつのハックであると同時に、もうひとつ極めて重要な概念を含んでいます。それは、**何かを便利にしようと思ったら「根底からつくり替える」のが多く**

の場合一番手っ取り早いということです。

人は、「毎日なんとか頑張って皿テトリスをクリアした状態」を問題の解決と認識してしまうところがあります。しかし、それはただ単に問題が見えなくなっただけです。形のそろわない皿をテトリスみたいに食器棚に詰め込んでも、それは問題を一度見えなくしただけで苦しみはまた襲ってきます。皿テトリスをしなくていい状況こそが問題の解決だということを、ぜひ覚えておいてください。これは、キッチンの話だけではなくあらゆる場所に応用できる考え方です。

あなたの生活はあなたが変えられますし、あなたの人生はあなたが変えられます。その手ごたえをあなたが手に入れるささやかな手助けになれば、それは僕にとって本当に幸せなことです。

まとめ

- **台所の効率を上げるには、飲食店に学べ**
- **食洗機×同じ形の皿＝最大効率**
- **皿を全部捨ててリセットしないと、生活は変わらない**

発達障害「心の格言」
冷蔵庫の中に
あるもので適当に。
これが
自炊のゴールです。

CHAPTER 7

［休息］

生き延びるための休日ハック

発達障害サバイバルの大原則【休息編】

働かなくても休むことができるが、休まなければ働くことはできない

休日を「帳尻合わせの日」にしていないか？

　仕事に疲れ果てて。それでもなんとなく眠りにつくことができず夜更かしをしてしまって、目が覚めたら窓の外から夕暮れのチャイムが聞こえてきた日曜日。

僕はそんな休日をたくさん過ごしてきた気がします。本当はやりたいことはたくさんあったし、やるべきこともたくさんあった。スーツもクリーニングに出したかったし、部屋も掃除したかった。久しく会ってない友人と遊んだりもしたかった。でも、そんな休日はもうほとんど終わりかけている。

　そして、また眠れない夜がやってくる。別に何か建設的なことをするでもなく、ス

マホを眺めてぼんやりと過ごすうちに気づけば時間は朝方で、慌てて布団にもぐりこむ短い眠りではまるで疲れが取れないまま、またあなたは月曜日と戦う羽目になる。
そういうことってありますよね……。

僕がこれまで何度も何度も述べてきたことですが、「人生において最も重要なスケジュールは休息である」これは絶対に揺らがないひとつの事実です。僕らは「１カ月のうちどの日を休養にあてるのか」を決めるところから始めるべきなのです。

働かなくても人間は休むことができますが、休まなければ働くことはできません。つまり、**休む技術というのは働く技術に先立って必要な、人生における最重要要素**のひとつだということです。

しかし、僕も含めた多くの人が「休日」を「休息の日」ではなく、「日常のさまざまな帳尻を合わす日」として運用してしまっているのは事実でしょう。やり残した仕事、雑多な家事、些細な頼まれごと。そういったものは、油断すると梅雨時の水虫のように我々の休日にとりついて、侵食してしまう。

僕の経験上、純度１００％の休養日は１カ月に最低２日は必要です。可能なら４日くらい取れると人生がだいぶラクになります。そして、純度１００％の休養日を確保するためには必然的にスケジュールの調整が必要になってくることにあなたは気づくはずです。

人は娯楽がない生活に耐えられない

そしてもうひとつ。「休息」とは全く別の概念としてあなたに必要なものがあります。それは「娯楽」です。意識していない人が多いのですが、「娯楽」もまたサバイバルにおける必需品のひとつです。いくら十分な「休息」がとれたとしても、楽しいことが何ひとつない生活に人は耐えられないのです。むかし、大きな地震があって長期間人々が避難所に閉じ込められたとき、食料や水の次に大事だったものとして「ボードゲーム」が挙げられていました。

「人生に楽しいことが全然ないのに生きる意味はあるのか？」のようなうっ屈した感覚を感じたことは誰しもあると思います。しかし、これは実は順序が違う。人生に楽しいことが用意できていないから、**娯楽を適切に確保できていないから、抑うつ状態**

が発生してしまうのです。

しかし、この「娯楽」も「休息」同様に一筋縄ではいかない存在です。というのも、人生をひどく悪い方向に持って行きやすいタイプの娯楽も存在しているからです。そのひとつの顕著な例がドラッグであり、ギャンブルでしょう。もちろんお酒を嗜むことや賭け事を楽しむことを全否定するわけではありません。かつては僕自身もお酒を売る仕事をしていたし、麻雀を楽しむこともあります。

しかし、こういった「娯楽」が人生を滅ぼしてしまった例を、僕はいくつも見てきました。あなたは自分の人生を滅ぼすのではなく、「豊かにする」娯楽を手に入れなければいけません。

「休息」と「娯楽」。いずれも、仕事至上主義の世の中で、本当に軽視されているものです。しかし、人生というサバイバルを生き残るためにこれは実のところ最も大切なものだといえるでしょう。それは、井戸のように、薪のように、屋根のように、寝床のように必要なものなのです。

Hack

38

「頑張る」は惰性、「休む」は意志の賜物

「休む」はいつも正しい

●「〆切前日の深夜1時」にすべき行動

たとえば、あなたは明日の朝までに仕上げなければいけない仕事と午前1時になっても取っ組み合っているとします。もちろん、明日の9時までに完成したものを上司に提出しないとお叱りを受ける。そして、この仕事を仕上げるにはどう考えてもあと7時間はかかるとします。このときに必要な行動はどちらでしょうか？

①ギリギリのところで仕事を終わらせて会社に駆け込む
②寝る

おそらく、ほとんどの人が①を選ぶでしょうし、これまでも①の行動をしてきたのではないでしょうか。しかし僕が考える正解は、②です。

①の選択は、確かに理論上はベストかもしれません。しかし、残念ながら人間の出力というのは不安定なもの。明朝までに仕事が仕上がらないことは十二分にあり得ま

すし、でっち上げたとしてもその出来が著しく悪い可能性も大いにあります。徹夜でフラフラの状態で上司の叱咤や仕事の直しの指示を食らうのは、最悪の結末です。

そうなると、いっそのこと開き直って寝てしまって十分なコンディションで上司に怒られつつ、なんとかその日にリカバリーをしてしまったほうがマシということは十分にあり得る選択なのです。実際、ほとんどの人が「こんなに進捗が出ないなら、いっそのこと寝ちまえばよかった」という体験をしたことがあると思います。

●「休む」には強い意志が必要

実をいえば、「休む」という判断には非常に強い意志が必要です。というのも、人間は「休む」か「頑張る」かなら、「頑張る」という決断を非常に好む生き物なのです。これは、会社の会議で事業を撤退するか、あるいはもう少し頑張るかを話しあっても当事者たちの間では「もう少し頑張る」という結論しか出ないあの現象と全く同じです。かつての僕の会社でもそうでした……。

しかし、「頑張る」と決めることと本当に頑張れるのかというのは全く別の話。やると決めたことが全部やれるのであれば、人生に苦労なんてありません。休息をとるでもなく、かといって作業の進捗を出すでもなく、焦燥に焼かれる時間だけが過ぎていく。この地獄を回避することが何よりも重要なのです。

「休む」は意志の賜物で、「頑張る」はむしろ惰性なのです。

こうして偉そうなことを書いている僕も、まさしくこの罠にハマって痛い思いをしたばかりです。というのも、この原稿を書き始めた頃僕は胃が痛かったのですね。しかし、たいしたことではないと「頑張る」を選択し、病院にもいかずまとまった休息もとらなかった。結果として、僕はバタっと倒れてしまいこの原稿は大いに遅れることとなりました。こんなことなら、「申し訳ありません、ちょっとまとまった休みをください」とお願いしていたほうがよっぽどマシでした。

●「1年後に生きていたいなら、今休め」

僕は軽度の胃潰瘍でしたからまだマシですが、これが「うつ」のような精神疾患になってくると話はさらに厄介になってきます。周囲の人間に「それは抑うつ状態でうつ病の入り口だから、すぐに休みを取らないと本当に厄介なことになるぞ（生死にかかわるぞ）」といってもあまり聞き入れられた記憶はありません。

「10年後によくなりたいなら、今頑張れ」みたいないい回しがあります。しかし、発達障害を抱え、長年精神を患ってきた僕の立場からいわせてもらえれば**10年後の心配より、1年以内の自殺リスクのほうがよっぽど怖いだろ**、というのが正直な感想です。

僕の友人知人たちも、何人も自殺しました。その中にはもちろん慢性の精神疾患を患っていた人もいましたが、バリバリと人生をこなしているところから急転直下そうなってしまった人もいました。もちろん、彼らは頑張ったのだと思います。死んだ人を悪くいいたくありません。「休む」という意志を持てなかったのが悪いのだ、なんてことをいいたくはない。でも、彼らはもう死んでしまっていて生き返らないのでやはり生きている人を優先しなければならない。いっそ、文句をいいに生き返ってきてほしい。

「休む」という判断を「よく頑張った」とほめてくれる人は、ほとんどいないでしょう。「死ぬ気で頑張れ」という人はたくさんいるというのに、本当にひどい話だと思います。しかし、あなたが「休む」と決めたその判断はいついかなるときであっても、ベターではあるのです、ベストではないにせよ。誰もそれを間違いだとはいえないのです。

いついかなるときでも「休む」という判断は正しい。そして、**その苦しい判断をしたあなたは頑張っています。**どうか、忘れないでください。

まとめ

- **「どんなときでも休むのはベターな判断」。いつもこの標語を思い出そう**
- **今日、休んだあなたは頑張っている**

Hack

39

完全な休日は「現実逃避」に徹する

●家の外でできることひとつ、自宅でできること2つ

日常の気がかりや不安から完全に離れて、完全に心を休める。そんな1日を、僕は「完全な休日」と呼んでいます。これを過ごすためには「何をするか（しないか）」の選別が非常に重要です。そうしないと、「休みは取ったけど、結局いつもより疲れた」という最悪の結果になりかねません。休むのが苦手な僕らですから、なおさら注意が必要です。

ひと言でいえば、完全な休日に必要なのは、**「良質な現実逃避」**です。つまり、「自分は何もせず、ぼーっとしているだけで楽しめる」コンテンツを、できるだけたくさん用意しましょう。数は多ければ多いほどいいです。その日の気分や疲れ具合に対応できるよう、「家の外でできることひとつ」「自宅でできること2つ」は最低限必要です。

人により好みは分かれると思いますが、参考に僕がやっていることを紹介します。

【家の外】

・サウナ

最近はサウナブームですっかりメジャーな趣味になりましたが、短時間で気持ちを整え、爽快感を得る方法として間違いなく最も優れたもののひとつがサウナだと思います。サウナで汗を流し、水風呂でほてりを取るのを何度かくりかえし、休日であれば帰りにビールを1杯ひっかけるなんてのは最高の喜びですし、スポーツドリンク片手に散歩をするなんてのもたまりません。

・コーヒーのおいしい喫茶店

「何もしないまま終わった休日」を「コーヒーを飲みに行くだけの最高の休日」に変えてくれる喫茶店はやはり素晴らしい。こだわりのある喫茶店も好きですが、コメダ珈琲店でのんびりするのも大変よい。喫茶室ルノアールのあの贅沢なおしぼりで顔を拭くのもいいですね。

・行きつけのマッサージ店

マッサージは、もちろん少々お値段は張りますが、寝っ転がっているだけで確実に心地よい身体的刺激を与えてくれる非常に優れた娯楽です。身体がラクになるだけでなく、プロの施術に身を任せて過ごす時間は「何もしない」でいられます。終わった後の身体の軽さも素晴らしい。

・シーシャ（水煙草）バー

僕は「じっとしている」というのが非常に苦手なのですが、このシーシャはその手《て》持無沙汰《もちぶさた》感をうまくやわらげ、穏やかな時間をつくり出してくれます。

【自宅】

・映画・アニメ

自宅のリビングには、映画やアニメを見るためのソファとモニタを常に用意してあります（これを仕事場と分けるのは本当に重要です！）。

・読むのが脳の負担にならない本

30代半ばになって、「読みやすい本」の価値に気づきました。脳に負荷をかけず、とにかく楽しませてくれる、若くて粋がっていた頃ならバカにしてしまっていたような本。そういう作家を何人かみつけておくと、とても便利です。相性もあるので、ご自身で探してみてください（具体的に作家名を書くとどうやっても角が立つのでやめておきます）。

●ヨガ、筋トレ、創作などはNG

一方で、現実逃避に向いていないのが、ヨガ、筋トレ、創作、キャンプなどの「脳や身体を能動的に使う行動」です。これは、基本的に**休息ではない**と考えたほうがいいでしょう。もちろん、能動的かつ活動的な趣味でリフレッシュすることもときに必要ですが、それは休養とは別物ととらえなければいけません。

小説の筆がまるで進まないまま焦燥感に焼かれて過ごした休日が、かつて新人賞に落選しまくっていた時期の僕にもありました。「有意義な休日」というとつい意識が高くなってしまいますが、ここはぐっと意識を下げて、完全な休日を実現してください。

前段でしつこいほど述べた通り、休息というのは意志の賜物です。あなたの人生を善く生きるために、あなたはあなたを苦しめることをまずやめるべきなのです。

まとめ

- 「完全な休日」と、「ただなんとなく休む」は全く違う
- 家の外にひとつ、家の中に2つ、ぼーっとする道具を用意しよう
- 僕の個人的おすすめはサウナです

Hack

40

「初心者に優しい」娯楽は危険です

エントリーコストの高い趣味

●楽しさの「エントリーコスト」

何度もくりかえして恐縮ですが、人生には娯楽が必要です。お金も人も、つまるところ風向きが悪くなれば離れていってしまうもの。「どんなときでも俺はこれさえあれば人生を楽しめる」という娯楽があれば、これほど心強いことはありません。そして、人間には娯楽が食べ物や水のように必要であることは先述した通りです。

しかし、世の中には危険な娯楽というものがあります。もちろんそれがすべて悪いとはいわないまでも、たとえばパチンコは危険な娯楽です。

なぜ、危険な娯楽なのか。それは、**楽しさを得るためのエントリーコストが極端に低い**ということです。

パチンコの本当にすごいところは、お金を入れてハンドルを回せば玉が飛び出しクルクルと数字が回る。それが揃えば大当たりで、お金が飛び出してくるというこの極めてわかりやすい仕組みです。液晶の画面では楽しいアニメーションが展開し、筐体はビカビカと光って「当たるかもよ?」と訴えてきます。そして、人間には「入れたお金を取り戻したい」という強烈な心理がある。これらが相乗した結果、パチンコというのは尋常でなく強烈なのめりこみをもたらす遊びになっています。感心するほどよくできている。

この世界には本当にたくさんの「楽しいこと」がありますが、どんな初心者でもあっという間に没頭させるということに関してパチンコ以上のものはそうそうないといえるでしょう。

●教養とは、お金がなくても楽しく暮らせること

「メキシコ人の漁師とハーバード大卒のコンサルタント」というインターネットでよく見かける寓話があります。出典は何なのか全くわかりませんが、要するにコンサルタントがのんびりと暮らしている漁師に「もっと働けば、あなたは大金持ちになって人生を早期リタイアできる。遅くまで寝て、魚を少しばかり獲って、子どもと遊び、妻のマリアさんと一緒にゆっくり昼寝をして、夕方頃には村に散歩に出て仲間たちとワイン片手にギターを弾いて楽しんだりできる」と教えたところ、「俺の今の生活と

何が違うの？」と切り返されるというなかなか味のある寓話です。

しかし、このお話では大きなことがひとつ無視されています。**少しのお金を稼ぎ、子どもと遊び、村に散歩に出てワイン片手にギターを弾いて人生を満喫できるスキルというのは、実のところとんでもなく大きな価値を持ったもの**です。

多くの人は、この生活に憧れることはあっても、この生活に心から満足することはそうそうできません。村はずれにパチンコ屋ができればたちまち大盛況になるでしょうし、いずれアルコール依存症の治療が必要な人が増えてくるでしょう。世界のあちらこちらで今日も起きている、つまらないお話です。


楽しさのための技術的習熟というものは、一般的に「教養」と表現されるものとだいたいのところで共通してきます。あるいは、最近はやりの言葉でいえば「文化資本」といってしまってもいいかもしれません。これがないと、享受できる「娯楽」の選択肢が著しく減少してしまうのです。

たとえば、ギターを上手に弾ける人はギターをかき鳴らしていればとても楽しいでしょう。しかし、それが楽しくなるまでどれほどの練習を必要とするか考えてみてください。僕自身も下手くそながらギターを弾きますが、演奏そのものが楽しいと感じるようになったのは弾き始めて数年も経ってからです。最初はコードを押さえるにも指がまともに動かず、鳴る音は汚らしくて聞きたくもない。そんな状況が続いていました。

多くの楽しさは、技術的習熟の先にしかないのです。それは、料理にしても釣りにしても、あるいは読書にしたってそうです。本を普段から読み慣れている人が軽い物語をひとつ楽しむのは「娯楽」であり「休息」であっても、普段ほとんど本を読まない人にとっては「訓練」であり「練習」になります。そして、一般的傾向としてお金のかからない趣味ほどこの技術的習熟がより多く要求されるというのは間違いのないことでしょう。

「お金がなくても楽しく暮らす」というのは、ひとつの教養的到達点であると僕は考えています。もちろん、到達点は遥か彼方ですが、それでも少しずつお金のかからない娯楽、「エントリーコストの高い」娯楽を手に入れていきましょう。

それはお金と違ってあなたのもとを去りません、誰にも差し押さえられません。事業をコカして一度何もかも失った僕がいうとちょっと説得力が出ると思いますが、それは間違いなく最高の資産なのです。

まとめ

- **初心者でもすぐ楽しめる娯楽は危ない**
- **教養とは、エントリーコストの高い娯楽を楽しむスキル**
- **長い時間をかけて手に入れた趣味は、あなたの資産になる**

Hack

41

コンビニ散歩も「娯楽」になる

●34歳で「コンビニバイトの楽しさ」に気づいた

僕は今年34歳になりまして、おっさんというには青臭く、かといって若者というには年を取りすぎたというナイーブな年齢なのですが、「人生、悪くないな」と感じることが増えました。それは、うまく表現することができないのですが、「楽しめることが増えてきた」ということのような気がします。

かつて、僕はコンビニエンスストアのアルバイトが全くできなくて、数カ月勤めて逃げ出しました。あの頃は、とにかく作業が苦痛で苦痛で仕方がなく、時間がまるで過ぎないと時計ばかり眺めていたことを覚えています。しかし、最近になってコンビニを経営する友人ができまして、十数年ぶりにコンビニエンスストアの内部を取材ということで見せてもらったのですが、これが実に面白かったんです。

あの商品の陳列やアルバイトでも回せるようにつくり上げられた業務オペレーション、レジのシステムに洗練の極みともいうべき商品開発力。一度会社を経営した今見ると、あれはまさしく驚異という他ありませんでした。もっと見せてもっと見せてと盛り上がって煙たがられてしまう始末でした。

しかし、当時17歳か18歳の僕に、この「面白さ」はまるで見えませんでした。そこにあったのは、ただ単に苦痛で面倒な時給のための作業だけだったと思います。それが10年と少しが過ぎるとまるで見えてくるものが違うのだから驚いてしまいます。

かつて、人生が本当につまらないと感じていたころを覚えています。睡眠薬依存症で病院に担ぎ込まれた理由の大きい部分は「楽しいことがなかった」ということにあると、今では強く感じます。とにかく**薬物で酩酊してわけがわからなくなれば楽しいような気が、あの頃はしていました。**

世の中には、実は楽しいことがたくさんある。それが見えていないのはとてももったいないことなのだと思います。もちろん、10代の僕に34歳になった僕が「おいおい、コンビニは歩くだけで面白いぞ？　もっとよく見ろよ、すごいだろあのシステム」なんて説教をしても「うるせえおっさん」と殴り掛かってくるでしょうが、それでもやはり34歳の僕としては「コンビニバイトから見える景色は面白い」といいたいのです。

これは、僕が自分の会社を潰して零細企業の営業マンになったときも感じたことでした。かつてはまるで見えなかったものが見えるようになり、上司の苦労や会社の経営状態や、あるいは上司たちの真似できない技能が見えてくると、急に仕事が面白くなりました。もちろん、仕事ですから面白いことばかりとはいきませんが、一度面白みが見えてくると技能の習得や理解が一気に加速するというのもまた事実ではあります。学校の授業の中に「面白い」教科がひとつでもあった人ならこの感覚は理解していただけるでしょう。

●人生は、少しずつ楽しくなる

もちろん、たとえば「受験勉強がゲームとして面白い」みたいな感覚を持てる人は一種のギフテッドです。多くの人はそんな感覚は持てませんし、仕事も受験もそうそう楽しいものではありません。でも、社会人になってふと勉強がしたくなる人が案外たくさんいる通り、そこにも「面白さ」は隠れているのです。

「世界から楽しさを見出そう」なんて偉そうなことはいいません。毎日反吐《へど》を吐きそうになりながら通う仕事に「楽しさを見出せ」なんていうやつはクソです。しかし、僕がいいたいのはこういうことです。**世界は、見る角度や解像度によって、楽しいこ**

とがたくさん潜んでいます。

あなたの経験が増え、さまざまな物事への理解が増すにつれ、ある意味では加齢に従って人生は、少しずつ楽しくできます、楽しくなります。そして、発達障害を抱える人にとってそれはきっと「発達」というものなのではないかと僕は思うのです。

僕たちは発達します。

まとめ

- **娯楽とは、世界からいくらでも見つけられる**
- **酩酊しなくても、楽しいことはあります**

CHAPTER 8

[うつ]

不安とともに生きる
再起ハック

発達障害サバイバルの大原則【うつ編】

「どん底から再起する」技術を身につけよう

うつに勝つのではなく「ともに生きる」

発達障害には二次障害という恐ろしい付随物がついてきます。

この二次障害というのは、発達障害に起因する苦しみの中で副次的に精神疾患等の問題を発症してしまうことをいいます。僕の人生の大問題である双極性障害（躁うつ病）もおそらくは二次障害です。小学生の頃、学校に適応できないまま通い続けるうちに発症し、気づけばもう25年ほどの付き合いになってしまいました。

正直なところ、「**せめて双極性障害だけでも回避できていれば**」という気持ちは強くあります。障害による問題と、そこに疾患が上乗せされた場合に発生する問題はかなり大きさが変わってくるからです。

でも、とても残念なことではあるのですが、おそらく僕の発達障害もあるいは双極性障害も完治はしないでしょう。あるいは、医療技術の大きな進歩があって完治が可能になったとしても、それでも人生を転げ落ちる不安は消えないでしょう。

前回の著作で、僕はうつ状態のどん底に陥ったときの「死なない」テクニックについて書かせてもらいました。今回はサバイバルガイドですので「どん底」に落ちたときにそこから社会で生きていく「再起」の方法について語らせてもらおうと思います。再起というと、僕らは「うつや不安を克服する」とか「うつや不安に勝つ」みたいな考え方をしてしまいがちです。しかし大切なのは「うつや不安とともに生きる」ことだと僕は考えています。

成功したとしても、不安からは逃げられなかった

僕の人生にわずかながらあった光の射した場所、人生が成功に向かっているという実感を得られたとき、あのときだけは未来への不安が薄らいだのを覚えています。

起業の序盤、事業が上向いている頃はひとつひとつ成功を積み上げるごとに「自分は人生を逆転できるぞ」という喜びが湧き上がってきました。でも、それは結局のところ、薬物で酩酊していたようなものでした。

商売を始めて売り上げが立つというのはとてもうれしいことです。たとえば、ある月あなたの商売は１００万円の売り上げを出したとします。その翌月は１５０万円、そのさらに翌月は２００万円。順風満帆です。そして、もうひとつ先の月で売り上げがまた１００万円に戻ったときあなたは大きな不安に襲われます。人生にどこまでもついてくるこの不安は、社会的成功によって打ち払うことはとても難しいのです。もちろん、一生を安楽に暮らせる預金残高を手に入れたら話は別なのかもしれませんが、ほとんどの人の銀行口座がその数字に到達することは決してないでしょう。

成功が続くと、今度は人生の上昇角度が鋭角になり続けないことが不安になってきます。もっと成功している誰かを見て、自分はダメだと考えるようになります。**「成功」は確かに不安を薄めてくれますが、あらゆる依存性薬物と同じ問題を持ちます。**すぐに耐性ができるということです。

手に入れるべきは「受け身を取る技術」

つまり、**何より重要なのは人生の谷に差しかかったとき、人生を転げ落ちたとき、そういうときに死なないように上手な受け身を取り、そしてその谷の底からもう一度歩き出すこと**なのではないかと僕は思うのです。そして、このどん底からの再起というのはかなりテクニック性がある。何度かの底を経験してきて、僕はそういった確信を強くしました。

「うつになったから見える景色があった」とか「障害に感謝している」みたいな言説が僕は大嫌いです。普通に考えてうつじゃないほうがいいし、健常者のほうがいいに決まってる。ある日突然巨大なうつがやってきて、何もかも吹き飛ばしてしまう恐怖を抱えて生きたくなんかない。でも、それはそこにあるのだから仕方がない。僕はそういう風に考えています。そして、これは**社会的成功で不安を塗りつぶすことを目論むことより、ずっと大切なこと**だとも。どれほど絶望的な状況に陥っても、残念ながら明日はやってきます。それでも生き残っていきましょう。

Hack 42

一発逆転マインドを捨てる

●「難関資格で一発逆転してやろう」は危ない

うつになり、職も失った。そんな状況からの「再起」に最も重要なものとは何か。

それは「一発逆転マインド」を可能な限り排除することです。

いや、痛いほどわかります。僕も30歳を過ぎて借金を抱えて無職でうつだったので、「マトモなやり方でこのどん底から出られるのか?」という感覚、もっとハイリスクな一か八かをやらなければいけないのではないかという焦燥感は本当に強かったです。


大変にお恥ずかしい話をさせていただきますが、当時僕が最初に考えた「再起プラン」は準備運動がてら宅建士資格を取り、その後税理士や弁護士といった難関資格に挑むというものでした。今思うと恐ろしいことを考えたな、という感じがします。本当にやらなくてよかったとしかいいようがありません。そもそも借金を抱えてそんな挑戦をする余裕なんてあるわけもなく、当時自分がなぜそんなことを考えたのか今でも全く思い出せません。ただひたすらに憔悴していた記憶があるばかりです。

でも、僕は残ったわずかな気力をかき集めて宅建の勉強を始めました。一応それなりの大学も出ているのだし、宅建士資格くらいちょっと勉強すれば取れるだろうと思ったんです。「うつで動けないときにもせめてそれくらいはしたい」。あなたにもこの気持ちは伝わるんじゃないでしょうか。

その結果は、本当に惨憺《さんたん》たるものでした。しばらく勉強から離れていたこともあるけれど、うつという病気は猛烈に人間の思考力を低下させるところがあります。あのときほど自分は「もうダメだ」と感じたことはありませんでした。

今思うと、税理士や弁護士などの難関資格を取ろうという僕の判断には**プライドを守りたい**という心の働きが強く影響していました。要するに、難しい資格に挑戦している「ガワ」さえつくればプライドは守られるというやつです。僕は、地道な再起の最初の一歩を間違いなく「やりたくなかった」のです。

結局、僕は宅建の参考書を投げ出して、非正規雇用の不動産営業マンとして人生の再起をスタートすることになりました。しかも、その理由は自発的なものではなく、お世話になっていた人から「そろそろ仕事をしろ、見つけてきたから行け」といわれたから、というなんとも情けない代物です。

●下っ端でも働いてみる

人生の再起においては、ゴールの見えない道に向かって歩き出すことがまずは必要になります。具体的には、「**アルバイト、または中小企業の非正規社員、あるいは正社員の新人、つまり一番下っ端の立場から働けるところでもう一度働く**」ということです。

僕自身、非正規雇用の営業マンという立場からもう一度出直すというのは、なかなか辛い決断ではありました。本当に恥ずかしいお話ですが、これは正直にいわなければいけないことです。新卒で働いた職場の1000分の1の規模もない小さい会社の、そのまた一番下っ端から働くというのはやはり精神的にラクなことではありませんでした。

今思えば、あの職場で働いた日々こそが僕を再起させてくれたことは間違いありません。それでも当時は、新卒で入った会社や、その後の会社経営の日々で培われたある種の傲りのようなもの、そして「この仕事をして自分に未来はあるのか」という無力感はやはり避けがたく発生しました。仕事に貴賤はないし、雇ってもらえるだけありがたいと思え。それは大正論です。しかし、人生を転げ落ちてやり直すときに、もう一度一番下から山を登り始めるとき、この感情が胸に去来しない人など一人もいないのではないかとさえ思います。

でも、その一方で発達障害者としての僕はこうも思います。どんな職場でどんな立場であれ、「普通に働ける」ってものすごいことなんだよ、と。僕のような「普通に働く」ことすらずっとできなかった人間にとって、それは無限の可能性のとば口ですらあります。なんであれ働くことができれば、お金をもらいながら「**知識**」「**経験**」「**関係性**」を得られます。そして、人生のチャンスというのは往々にしてそういう場所から生まれてくるのだと僕は思うのです。

●1ミリの階段こそがゴールへの最短距離

世界には結構たくさん成功者がいます。そういう人たちの中で目立つのは、まるでひたすら上昇カーブを描くグラフを飛び上がっていくような人です。でも、不動産営業みたいな泥臭い商売の世界や、中小零細企業経営者の中で生きていると「階段を昇るように順を踏んで成功していく人」なんて実はほとんどいやしないことがわかってきます。

高さ１ミリの階段を１０００段昇ったら、不意に上昇気流が吹いてきて１０００メートルの崖を飛び上がった。そんな話はいくらでもあります。もちろん、逆のパターンもあります。ずっと続くなだらかな階段を昇るような人生を生きてきた人が、突然１０００メートルの崖を転げ落ちる。そういったものを、僕はたくさん見てきました。

では、高さ１ミリ、１０００段の階段に意味はないのか。それは単なる無為な待機期間に過ぎないのか。そんなことは決してありません。非現実的な一発逆転マインドを排除し、日々を地道に積み上げるチャンスを探す精神を失わない。ゴールの見えない道をそれでも次のチャンスを求めて歩く。これは、一見迂遠なようでいて「再起」への最短の道のりなのです。

まとめ

- **その一発逆転プラン、本当にやれますか？**
- **小さな一歩には大きな価値がある**

Hack

43

「向いていない仕事」を徹底的に避ける

苦手なことはやらない

●「失敗した経験」は自分を知る最高の材料

一度敗れた人は、**「自分が何に向かないのか」**を知ることができます。これは、再起者の大きな強みです。

実際に仕事という環境で戦い、敗れる。自分自身を知る上でこれ以上シビアな結果を得られるものはそうそうありません。これに比べれば、就職活動の「自己分析」なんてままごとみたいなものです。ゆえに甚大な苦痛が伴うという問題はありますが、それでも。

僕の場合、学生の頃くらいまでは「なんだか僕は他の人が簡単にできることができないことがある」「なんか生きているのが苦しい」くらいの解像度だった「発達障害」という問題が、就職して全く仕事ができなかったという経験を経てやっと明瞭な理解に至ったと感じています。

たとえば僕は、誰にでもできる事務仕事をやれば普通の人の20倍はミスをします。

仕事の集中力が全く継続しませんし、また同時に突然強烈な集中に入って他のすべてが見えなくなります。２桁の足し算ですら信じられないほど間違います。ネクタイをつけていると首が不快でとても苦しく、突然うつがやってきて生産性が10分の１になったりもします。こういう人間にとって、僕が新卒で就職した「金融機関の事務」という仕事は、本当に向いていませんでした。

反対に、うつ無職後に始めた「営業」は僕に適していました。お客様と対面している限りは集中力は続きますし、短期スパンで結果を競う営業職は出力ムラの大きい僕の性質にとても合っていました。ＡＤＨＤの人によくある、獲物を追いかけるような高揚感を非常に好む特質も、数字＝成果の仕事においては強みになりました。

●この世の職業はざっくり４つに分類できる

人の苦手なこと、できないことというのは細分化していけば多岐にわたります。一人一人が自分自身と向き合った上で理解するしかありませんが、この判断を助ける大まかな指針はあります。とてもシンプルなので覚えておいて損はありません。

世界には数多《あまた》の職種がありますが、そのほとんどすべての仕事が次の４つの間でグラデーションになっています。

①「成果」評価型業務

仕事のプロセスよりも成果だけが問われる。いわゆる数字で評価される営業職や企画職など。細かいミスを成果で挽回することが可能。たいていの場合は一人単位で評価される。評価は主に加点法。協調性に乏しいが、独力で成果を追うことを好むタイプに向く。ＡＤＨＤ特性の強い人間が多く就労している業態でもある。

②「成果物」評価型業務

たいていの場合は専門技能を生かした、何かをつくる業務。プログラマーやデザイナーなど。成果物の出来や完成速度などが評価基準となる。評価はチーム単位の場合も個人単位の場合もある。評価は加点法と減点法が入り混じる。専門技能の高さを生かしてそれ以外の問題をカバーできる場合がある。ＡＳＤ特性の強い人間が就労していることの多い業態。

借金玉の「鬼門」分析

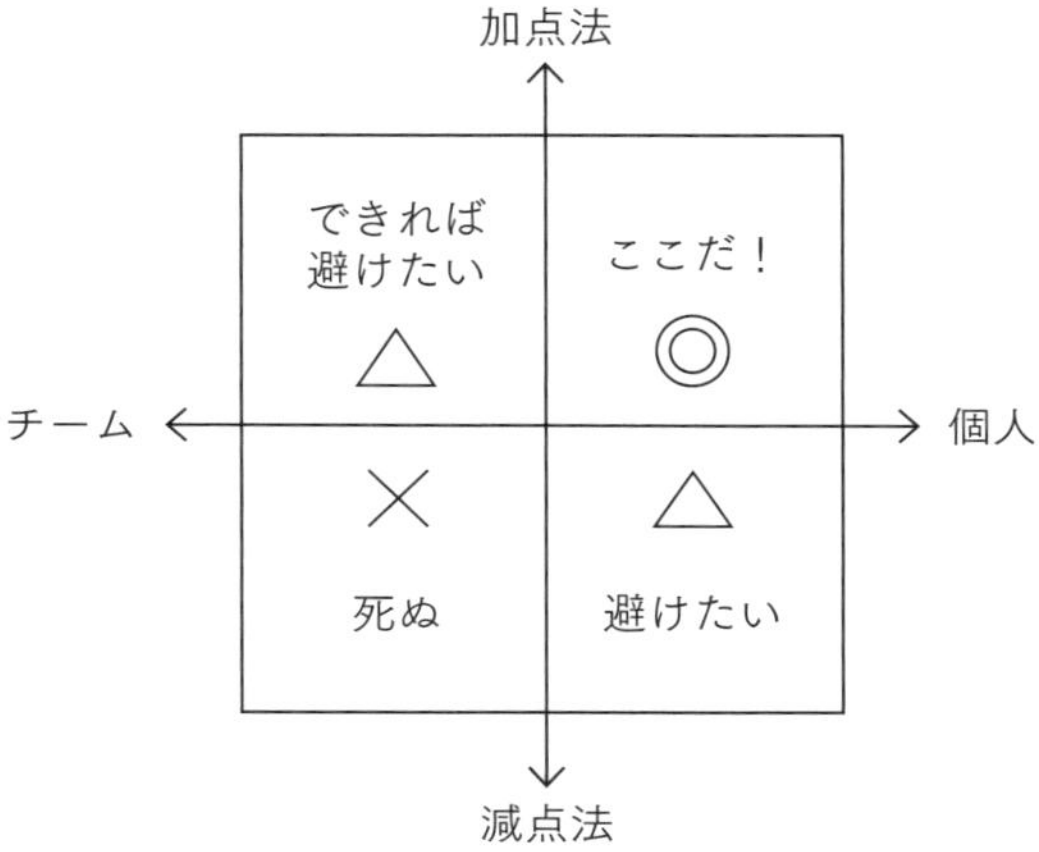

③「作業」評価型業務

企業のバックオフィスなど、数字を上げるのではなくシステムの維持管理を主とする業務。事務職のほぼすべてはこれにあたる。当然ながら評価は減点法。逆転の機会は極めて少ない。

たいていの場合はチーム単位で業務を行い、個人単位での成果ではなくチームでの成果が問題になる。個人で大きな成果を上げることがほぼ不可能な業務形態のため、チーム内での協調力が重要になる。いわゆる、「ホワイト事務職」はこの業務形態の場合が多い。

④マネジメント型業務

進捗管理やマネジメントの業務。いわゆる管理職や経営者もこの枠に含まれる。評価は上司と部下両方から受けることになるため、加点法・減点法どちらかで考えるのは難しい。また自分ではない人間の働きによって評価が定まるため、他人を動かす能力が必要になる。下請け会社に依頼して業務を行っていく場合などもこの業種に含まれる。複数の人間の間に立ち、折衝や調整を行う能力が必要。

もちろん、プログラマーの中にも客先でお客様に折衝や提案をするような人もいらっしゃるでしょうし、工程管理やあるいは調整といった事務・管理職にまたがる色合いの仕事の人もいらっしゃるでしょう。この４つはあくまで目安なので、自分が転職しようとしている職業にどんな特徴があるかを、個別に見極める必要はあります。

●「僕は働けない」は自己分析の解像度が低い

ここで重要なのは自分の鬼門がどこにあるのかを、「解像度高く」知ることです。

そのためには

・**自分が圧倒的に苦手なこと**
・**努力で克服できそうなこと**

をまずは洗い出してみてください。

よくあるパターンとして「全部ダメだ。僕は働けない」となってしまう人がいるのですが（僕ももちろんそう思いました）、これはある種の思考停止です。自分が過去にできなかったことに向かい合い、理解するのは大きな苦痛を伴う作業です。それなら「自分は何もかもダメだ」に逃げ込んだほうがラクだという気持ちは痛いほどわかります。

しかし、それでは再起者のせっかくのメリットを活かせません。ここはあえて自分の経験の中からソリッドに「これは確定的に自分にはできないことだ」と思えるものを絞りこんでください。

僕の場合、金融機関でマルチタスクの事務が破滅的にやれなかったという経験と、日常業務の中でどうしてもミスが多くなるという自己理解から、③が確定的に向いてない、という判断で仕事を探しました。減点法の職場をとにかく避けるということですね。

まとめ

・一度失敗すると「自分に何が向いていないか」を知ることができる
・4つの分類から自分の「鬼門」を見極めよう
・自己分析中の「全部ダメだ」は禁止しよう

Hack

44

「貧乏人」とも「金持ち」とも広く付き合う

●仕事を失うと、人はどんどん孤立していく

人間関係というのはあらゆる可能性の発生源です。仕事が回ってきたり、案件が紹介されたり、誰かを紹介されたり……世界は関係性で回っているといっても過言ではありません。

うつで仕事を失い、どん底状態に陥ると、友達がいなくなります。それはそうです。飲み会の５０００円すら出せないような状態ですべての交友関係を今まで通り保つなんてことはほとんど不可能です。人生を転げ落ちたとき、周囲から人がどんどんいなくなるあの現象は避けがたく起こるものだと思う他ありません。実際、あなただって明らかに金に困っている友人を遠巻きにしたことがあるのではないでしょうか。それはそれで仕方がない、責められるべきことかといえばそうではありません。**人も金も離れるときには離れていく**ものです。

その一方で自分がどん底状態にいると、「成功している友人と顔を合わせにくい」という心の働きもあるのではないでしょうか。もちろん、その気持ちが僕には痛いほ

どわかります。ぱりっとしたスーツを着て洒落たデザインの指が切れそうな名刺を持った友達と、人生のどん底にいるときに顔を合わせるのはとても辛いものです。

このようにして、人は関係性という大きな可能性の根源を失っていくのです。**お金がない。それだけのことが、人を孤立に向かわせる力場を避けがたく発生させる。**人と人の関係性を断ち切ってしまう力をとても強く持っていることは、まず理解する必要があります。

●勝率の低い「バクチ」でも、やる価値はある

では、このどん底状態に陥ったときに人間関係を失わないためには、どうすればいいのか。対策は2つあります。

ひとつめは、**「お金がない自分と呑んでくれ」と勇気を出して相手を誘う**ことです。

「ちょっと商売がうまくいってなくて、安いとこにしたいんだけど……構わない？」

こう率直に聞いて、離れる人は離れる、残った人を大切にする。それしかありません。

これは勝率の低いバクチを打つようなものですが、これで残った人間関係はその後の

あなたを助けてくれるはずです。

ここで見栄を張って、あるいは関係性を失いたくなくて借金を重ねてしまう人がいかに多いか、僕はよく知っています。人は、自分が所属する経済的階層から追い出されたくないのです。それは心の働きとしては極めて自然なことですが、そこにい続けるために人生を破綻させてしまうのは、本当にもったいないことです。

●金持ちと背伸びして呑む。貧乏人を疎んじない

2つめは、普段から**ひとつの経済的階層に付き合いを絞らない**ことです。明らかに自分より経済階層の高い友人とも、もちろん予算を考えれば頻度は低くなるでしょうがたまには背伸びして呑みに行く。もちろん、自分より経済的階層の低い人を疎んじないことも、とても大切です。

僕はこんな人生を生きているので、あまりホームパーティーとか同窓会とかに呼んでもらえない人間ですが、その代わり人生に難所が訪れた友人からはよく相談の電話を受けます。長いこと、とても安定した職場でキャリアを積んできた友人から「実は、

うつにかかってしまったようなんだ」と相談されたことは一度や二度ではありません。

何年も会ってなかった大学時代の同期、それもエリート街道を邁進していたやつが急に誘ってきて、「実は仕事辞めたんだ」なんて話をするとか、自分の有責で離婚した、慰謝料も財産分与もしっかり取られた……とかそんなのもありましたね。

僕は彼らがとても賢い人たちだと思います。自分の経済的状況に合わせて、彼らは人間関係を使い分けているのです。もちろん少々人間性の問題としてひっかかりを感じる人もいらっしゃるでしょうが（僕もホームパーティーには呼んでほしいです）、経済的破綻を避けるための行動としてこれはとても有益であることは間違いありません。でも、さらにいえばどん底に陥る前の普段から経済的階層にとらわれない人付き合いをしていればもっとベストだと思いませんか。

20代から30代にかけて、残念ながらかつては同じ安居酒屋で楽しめた連中の経済格差はどんどん開いていきます。同じ階層の人とばかり付き合うのがむしろ自然であるといえるでしょう。それでも、たまには懐かしい思い出を肴《さかな》にして安い店で集まってみるのはとてもいいことです。

階層にとらわれない人付き合いというのは、かなり難しい技能です。普段から意識的に心がけなければ、人は社会的階層にとらわれてしまう。でも、だからこそぜひ意識してみてください。人生が必ず少しよくなるはずです。そして、どん底からあなたがはい出すとき、誰かが手を差し伸べてくれる可能性が高くなります。

まとめ

- **人生が厳しい時期、人は自分から人間関係を切ってしまいがち**
- **「ちょっとお金がないので、安いところで一杯やらない?」といえる人が一番大切**
- **普段からさまざまな経済的階層の人と付き合おう**

Hack

45

躁うつの自分を「数字」でモニタリングする

●治せないからこそ「今より悪化させない」

うつや障害を抱えて生きるということは、自分がいつ生産性の全くない、平たくいって働けない状態に陥るかわからないということでもあります。この治らない障害とともに生きるためには「無理をしない」そして「今より悪化させない」ことが何よりも大事です。

もちろん、仕事を休んだりあるいは辞めたりすることは人生にダメージをもたらします。仕事を病気で退職、なんてことを考えたら怖《おぞ》気《け》が走るという気持ちは僕もよくわかります。しかし、これは本当に厳しい話になるのですが、精神疾患を悪化させた場合、人生へのダメージはその比ではなくなってしまう。新しい仕事を見つける前に、まずは働けるようになるところまで治療するという巨大なフェイズが立ちふさがってしまうのです。

そこで、僕はあなたに「**セルフモニタリング**」という概念を覚えておいてほしいと思います。これは自分の行動を記録し、観察することです。

●「睡眠時間」はうつ状態を知る強いシグナル

僕は、1冊のノートに

- **睡眠時間**
- **仕事量**
- **食事**

の3つを毎日記録しています。この3つは、特にうつ（躁うつ）の状態を知るための、強いシグナルになります。

注意点としては、必ず**「数字」で記録する**こと。睡眠時間は「〇〇時間」、仕事量や食事も「アポイント〇〇件獲得」「かつ丼定食1600キロカロリー」と、必ず定量化してください。実践してみると、「全然頑張れていない」「今週は睡眠が結構確保できた」などの感覚的な判断は、一切役に立たないということに気づくと思います。

僕の場合、この中でも如実に体調と躁うつの波が出るのは「睡眠時間」です。うつが悪化すると睡眠時間が非常に延び、逆に躁状態に入ると劇的に減ります。

1週間の平均睡眠時間が2時間、みたいな状態になっていても躁状態の僕は自分の異常に気づかないことがあります。そんなときの僕は、文字通り何をしでかすかわかったものではありません。突然コンゴに金を掘りに行ってしまっても、僕を知る人はあまり驚かないと思います。僕も「それくらいならあり得る」と感じます。

問題なのは「不眠」だけではありません。僕の場合はうつに傾くと「過眠」の症状が出ます。これを「眠れているから大丈夫」と放置しておくと、ついに起きられなくなってしまうことも十分にあり得ます。

●アプリで自動化

発達障害を持つ人は、一般に自分の現在の状態を知ることが上手ではありません。「自分はまるで頑張れていない」という感覚を持ちながら無理に無理を重ね、ある日突然倒れてしまう人なんてのはざらにいます。

数字は裏切りません、ぜひだまされたと思って何かの数字を記録し始めてください。最近は便利なアプリも色々出ています。僕も最近次の３つを使い始めました。記録はスマートフォンでの管理が便利だという方は、こちらをおすすめします。

・スリープモニター

睡眠の記録がワンプッシュで手軽に始められます。寝る前に設定すると、スマホの目覚ましが鳴って次に手に取ったときが起床時間として記録されるため、メモに比べて面倒がありません。

・SilentLog

スマホのバックグラウンドで起動しておくだけで、１日の歩数や移動距離、行動記録などの活動量が記録されます。僕は躁転している状態とうつ状態では、完全にこの数値が別物になります（躁転しているときは、信じられないほど動いています）。

・食事日記

日付とひもづけて、食事の写真記録を残せるのが便利です。

自分はどれくらい働いているのか、どれくらい寝ているのか、どれくらい食べているのか。ひいては、現在自分がどのようなコンディションにあるのか。これは意外と、自分自身の感覚で把握するのが難しいものです。「絶好調だ」と感じているのに、日々仕事の生産量は低下しているなんて恐ろしいこともあり得ます。逆に、感覚的にはどん底でも、数字にはうつ状態からの回復が表れてくることもあります。

自分を知るのはとても難しいことです。ぜひ、セルフモニタリングを試してみてください。「まだ頑張れる」という感覚を信じて突き進むのは、本当に危険なことなのです。

まとめ

- **自分の調子を知るのが一番難しい**
- **セルフモニタリングは、気分ではなく「数字」で記録する**
- **第一優先は「睡眠時間」**

Hack

46

「死ねばいいや」の麻薬に頼らない

不安を背負って生きる

●僕は、死ねずに「見苦しい30代」になった

いきなり変な話をしますが、僕は自分に30代があると思ったことがありませんでした。自分は20代で死ぬだろうと、何の根拠もなく思い込んでいたので、会社を潰してうつのどん底にいながらにして30歳の誕生日を迎えたとき、とてつもない不安に襲われました。

「死ねばいいや」――これは20代の僕における基本的な姿勢でした。会社を始めたとき、銀行から（返す目算なんて何ひとつないまま！）大きな額の借り入れをしたとき、睡眠薬と酒をザバザバ胃に流し込んでいたとき、そういったとき僕のそばには常にこの最終的な解決策としての死が存在したような気がします。

人生は恐ろしいです。ある日働けなくなるかもしれない。突然災厄が降ってきて何もかも失われるかもしれない。そして、とても残念なことにそういうことは起きるときには起きます。こういったどこまでも拭えない不安に対して、「死ねばいいや」以外の答えを出さなければいけなくなったのが、僕の30代の始まりだったように思いま

す。

僕は34歳になりますが、もうこの年になると若い頃はあれほど便利だった「死ねばいいや」の魔法が使えません。いざとなれば死ねばいいと思っている人間を30代の人たちは信用しないし、そもそも「死ねばいいや」というのは「いざとなれば全部投げだせばいい」という話にしか過ぎません。その投げだすための手段として「死」が有力候補にあるだけです。不安に立ち向かうレトリックとしても、あまり出来がいいものとはいえません。何せ、死ねばいいやと思っている人は、結構死んでしまうから。

同病相憐れむという言葉がありますが、やはり僕の友人にも病んだ人間は多く、そして結構たくさんのやつらが死んでしまいました。アルコール依存症だったり、覚醒剤で逮捕されて帰ってくるなり首吊ったり、突然いなくなったまま住民票がもう10年も動いてなかったり。若くして死んだやつはいつまでも若く、僕はどんどん歳をとっていきます。

「いざとなれば死ねばいい」というのは、非常に強力な麻薬みたいなものです。これは、基本的には生きていたいという欲求に突き動かされているのですが、その一方でどこか死んでラクになりたいという感情も混ざっている。コカインとヘロインみたいに生と死の欲求が混ざり合ったスピードボールです。これに突き動かされて人生を転げ落ちたのが僕です。最も、生き残ったんだから僕のキメ方はまだまだ甘かったという他ありません。キッチリ死んだ連中に比べると、僕はなんとも見苦しい生き物です。

●どん底から何度でも「登ろうとする」ことはできる

でも、その一方で僕はこういうことも感じています。不安が的中して、僕がまた人生を転げ落ちても、僕はもう一度そのどん底から「登ろうとする」ことができるだろうな、ということです。もう一度「登れる」かはちょっとわかりませんけどね。やってみないことには。

それは、服薬しながら回復を待ち続けるということかもしれないし、また別の商売をすることかもしれないし、突き詰めてしまえば日本国民の権利たる生活保護を受けることかもしれません。でも、きっとそういうことができると僕は思います。

人生が成功の上昇気流に吹き上げられているとき、人は確かに不安を忘れることができます。でも、それは単に成功に酔っているだけです。上昇角度がわずかに傾けば、すぐに不安はまた顔を出します。

人生に、確かな進歩を感じられる日なんて1日もないのではないかと僕は思います。あらゆる努力はバクチです。成果が出るかなんてわかりません。あらゆる挑戦はバクチです。結果が出るかなんてわかりません。いつあなたの足元にどん底行きの落とし穴が開くかなんて誰にもわかりません。そして、それは開くときには開くといった性質のものです。

だから、もうしょうがない。やれることをやって、不安を感じながら日々を生き延ばしていく。それしか残らないんです。

あなたが今、うつの治療をしているなら日々はまるで無為なものに感じるでしょう。あなたが職のない生活をしているなら、今日1日はあまりに無駄だったと感じることもあるかもしれません。僕も、今日はTwitterしかしなかったという日を随分たくさん過ごしたものです。でも、その日々の中にあなたの「再起」への意志が、人生を少しでもよくしていこうという何かがあれば、それはそれでいいのです。

不安は、未来への意志がそこにあることを示すものです。不安であることは正しいのです。**「死ねばいいや」で勢いよく不安を忘れる精神的ヤク中より、不安を背負って生きているあなたがずっと前向きなのです。**

どうか忘れないでください。未来は長く続きます、どこまでも不安です。だからこそ、あなたは未だ敗れ去っていません。やっていきましょう。

まとめ

- **「成功」によって、不安を消すことはできない**
- **「死ねばいいや」をやめて不安を「背負って」生きよう**

Special Hack

今、「うつの底」にいるあなたへ

●何もするな、この本も読むな

本書の冒頭にあった「もし、あなたが発達障害の二次障害で『うつの底』にいるなら、最初に３１０ページを読んでください」という案内を読んで、このページに真っすぐ向かってくださったみなさんのために、この文章を書いています。

この本は、サバイバルガイドです。それは、ちょっとした工夫や投資、ライフハックといったもので、人生をよくしていこうという実用書です。なので、「こうしたほうがいいよ」みたいなことがたくさん書いてあります。うつの苦しみの中で、この本を手に取ったあなたは、きっと「人生をよくするために何かをしなければいけない」と焦燥感に駆られているのではないのでしょうか。あるいは、「自分は何もできていない」というような自責の感情もあるかもしれません。しかし、うつの底という本当に厳しい状況でやるべきことは、常にひとつしかありません。それは、「何もしない」ということです。あるいは「横たわって眠る」ということです。

うつの底は、吹雪の吹き荒れる原野のような場所です。そこでは、雪洞の中で身を縮めて、吹雪が去るのを待つことしかできません。吹き荒れる雪の中に無理やり漕ぎ出していくのは、あまりにも危険な選択です。そんなことは絶対にするべきではありません。

それはつまりこういうことです。うつの底で、今日も1日何もできなかった。だとしたらあなたは、1日を雪洞の中で身を縮めて耐えるという最も重要な行動を間違えることなく完遂したのです。それは、前向きで堅実な確かな選択そのものでした。今日を生き延びたあなたは、登頂に挑む晴れた日を待ち続ける登山家のように、人生と戦っています。どうか、自分を責めないでください。

●「吹雪のお供」は甘い紅茶の入った魔法びん

この本には「やったほうがいいこと」がたくさん書いてあります。でも、それはうつの底という状況でやらなければいけないことではありません。うつ状態というのは、人間の思考力を驚くほどに奪います。この本1冊すら読み通せないというようなこともあたりまえに起きてきます。僕もかつては、うつの底で「せめて勉強くらいしなければ」「せめて本くらい読まなければ」とあがいて、より一層苦しむ悪循環をくりかえした時期がありました。

もし、どうしても具体的な工夫を何かしたいのであれば、Amazonで魔法びんをひとつ買いましょう。そして、砂糖をたっぷり加えた甘い紅茶を詰めて枕元においておくんです。次に目を覚ましたときにそれを飲みましょう。そして、魔法びんが空になったときに、紅茶をまた詰める気力があればそれを補充しましょう。吹雪の日を耐えるお供にはこれが一番です。前作でも同じことを書きましたが、とても大事なことなのでもう一度お話しさせていただきました。

すべては、吹雪がやんで青い空が見えてから。うつの底を抜け出してからです。そして、そしていつかどこかで、それはきっと暖かな昼下がりで、いろいろあったけどなんとかなった、そんな話をしましょう。

まとめ

何もしないというのは、意思ある行動です

おわりに　本当のあなたを「ハックするな」

僕のライフハックのテーマは「自分を変える」のではなく、「やり方を変える」「環境を変える」「道具を変える」など、パーソナリティの外部にあるものを工夫することで変化を起こすことをモットーにしています。本書も、その考えを貫いて書かせていただきました。

そこで、みなさんにひとつだけ気をつけていただきたいことがあります。この本はあくまで「生きていく」という目的のためにあるということです。だから、いつも心のどこかで「こんなことやりたくないけど、まあ、仕方がないから試してみるか」という斜に構えた気持ちを持ち続けていただきたいのです。「正しいハックを実践して正しい人生を生きるぞ！」みたいな気持ちには、絶対になってほしくありません。

あなたが工夫をするのは素晴らしいことですが、工夫があなたになってしまうのは恐ろしいことです。それは手段と目的が入れ替わってしまっています。僕の文章は、あなたが幸せに生きてほしいという気持ちで書かれています。幸せがあなたを生きるなんて冗談じゃありません。あなたがあなたである、ということには最大の価値を置くべきだと僕は心から思っています。

●僕が親と距離をおき続ける理由

具体的に、僕が絶対にハックしてはいけないと思っているのがプライベートの人間関係や、個人のパーソナリティそのものです。

たとえば僕は、肉親との距離を大きくおいています。関係性については「色々ある」としかいいようがないですし、もちろん「親に対してそんな振る舞いはひどい」というご批判があるだろうことも承知しています。

もちろん、親という存在に対して共感的に振る舞い上手に相槌を打ち、相手が気分よく過ごせるように発話内容をチューンする。そうすればきっと関係はよくなるだろうと思います。そして、僕も営業マンですから技術的にそれは可能ではあるでしょう。

しかし、それはハックが僕のパーソナリティを侵襲してしまうということに直結しかねません。

同様に、距離の近い友人関係などをハックするのもあまりおすすめはできません。もちろん、関係を多少快適にするための工夫というのは必ずしも悪ではありませんが、友達付き合いが技術論の問題になってしまうのは、あまり素敵なことではありません。

SNSで自分を偽るのも、おすすめできません。僕もSNSから名前が売れた物書きなのでそういう人をたくさん見てきましたが、あまり幸福な結末を見たことはありません。あなたはプライベートな領域において、あなたのままでいるべきです。そこは、守るべき一線です。

●あなた自身が変わる必要はない

人間には、「極めて非合理的かつ何の利益にもならないがどうしても譲れない行動」みたいなものがあります。それは信念とかポリシーとかそういう言葉で表されます。僕はそういうものが人間にとってとても大事なものだと考えています。

もちろん、社会と折り合っていくためには信念を曲げなければいけないこともあるでしょう。悔しい思いをしながら適応的に振る舞わなければならないこともあるでしょう。

しかし、それはあくまでもパブリックな場における技術にとどまるべきものです。あなたはプライベートな領域において、あなたであり続けるべきです。生きる力の源泉というのは「社会に上手に適応すること」ではありません。それは手段であって目的ではないのです。

このサバイバルガイドは、あなたを鋳型《いがた》にはめて、社会に適応できる形に成型しなおすためにあるのではありません。この本に書いてあるのは、ただの「こうやったら便利だよ」程度の、意識の低いノウハウだけです。僕は長い間、発達障害を治したいと滝に打たれたり、哲学書を読んだり、怪しい漢方薬を飲んでみたり……。ありとあらゆる自己変革を試みてきました。残念ながらすべて失敗して、今ここにいます。

本当にありふれた安い言葉ですが、それでもあなたはあなたのままでいいと僕は思います。あなたが変わるべきだと、僕は決して思いません。

あなたのやり方やあなたの道具、あなたの環境を変えるべきなのです。人生がうまくいかないとどうしても発生してくる自罰的感情、「自分が悪いのだ、自分が根本的に変わらなければならないのだ」というあれは、あなたを救いません。

あなたが幸せになってほしいと僕は心から思っています。そして僕も、幸せになりたいです。みんなで幸せになりましょう。そして人生を、生活を、やっていきましょう。

借金玉

2020年7月

借金玉「愛用品」リスト

□食洗機（Hack01）
パナソニック「食器洗い乾燥機 NP-TCR4」

□マットレス（Hack02）
西川「［エアー01］ SEマットレス」

□本質ボックス／エブリデイボックス（Hack04、11）
TRUSCO「スケルコン 9L 透明 TSK-910TM」

□ゴミ箱（Hack04）
アスベル「ペダルペール 45SD エバン45L」

□キーファインダー（Hack05）
Evershop「キーファインダー」

□お風呂セット（Hack14）
- 入浴剤：バスクリン「きき湯FINE HEAT」
- スポンジ：スコッチ・ブライト「バスシャイン 抗菌スポンジ BM-12K」
- カビとり剤：ジョンソン「カビキラー」

□目覚めセット（Hack15）
- 目薬：参天製薬「サンテFXネオ」
- シート：ギャツビー「フェイシャルペーパースーパーリフレッシュタイプ」

□強制終了セット（Hack16）
- ホットアイマスク：花王「めぐりズム 蒸気でホットアイマスク」
- お香：松栄堂「芳輪 元禄」

□リラックスチェア（Hack18）
山善「リラックスチェア NRC-60MC」

□机コックピット（Hack19）
- 机①：DOMY HOME「ラック付きデスク DMH-T32」
- 机②：Bauhutte「PCデスク 昇降式 BHD-1200M」
- モニタ：EIZO「22.5型フレームレスモニターFlexScan EV2360-WT」
- イス：ハーマンミラー「アーロンチェア」
- キーボード：Mistel「BAROCCO MD600」
- マウス：ロジクール「WIRELESS TRACKBALL M570T」
- リストレスト：サンワサプライ「キーボード低反発リストレスト TOK-MU3NBK」
- デスクオーガナイザー：Sumnacon「デスクオーガナイザー」
- イヤーマフ：MPOW「防音イヤーマフ MPHP044BB」
- タブレットを固定するもの：peipai「スマホスタンド JPC0005」

□小型冷蔵庫（Hack21）
UP STORE「ポータブル冷温庫CH-10」

□ホワイトボード（Hack22）
コクヨ「ホワイトボード軽量タイプ無地 FB-SL115W」

□贈答品（Hack24）
虎屋「小形羊羹 18本入」

□感覚過敏対応グッズ（Hack25）
- 肌着：SIL-VENDER「男性用シルク半袖Tシャツ SMT1802」
- 瞬間ネクタイ：SMART BIZ「TIE-SNAP」

□時計（Hack26）
Apple Watch Series 5

□ハンガーラック（Hack29）
山善「ハンガーラック MKS-W(BK)(S)」

□コンロ以外の熱源（Hack36）
- シロカ「おりょうりケトル　ちょいなべ」
- BRUNO「コンパクトホットプレート レッド BOE021-RD」

※著者が使用しているものが廃番の場合は、似た製品の最新版を掲載しました。いずれも本書刊行時点での情報であり、製品が入手困難となる場合もございます。あらかじめご了承ください。

［著者］
借金玉（しゃっきんだま）
1985年、北海道生まれ。ADHD（注意欠如・多動症）と診断されコンサータを服用して暮らす発達障害者。二次障害に双極性障害。
幼少期から社会適応がまるでできず、小学校、中学校と不登校をくりかえし、高校は落第寸前で卒業。極貧シェアハウス生活を経て、早稲田大学に入学。
卒業後、大手金融機関に就職するが、何ひとつ仕事ができず２年で退職。その後、かき集めた出資金を元手に一発逆転を狙って飲食業界で起業、貿易事業等に進出し経営を多角化。一時は従業員が10人ほどまで拡大し波に乗るも、いろいろなつらいことがあって事業破綻。2000万円の借金を抱える。
飛び降りるためのビルを探すなどの日々を送ったが、１年かけて「うつの底」からはい出し、非正規雇用の不動産営業マンとして働き始める。現在は、不動産営業とライター・作家業をかけ持ちする。
著書に『発達障害の僕が「食える人」に変わったすごい仕事術』（KADOKAWA）がある。
Twitter：@syakkin_dama
note : https://note.com/syakkindama

発達障害サバイバルガイド
――「あたりまえ」がやれない僕らがどうにか生きていくコツ47

2020年７月29日　第１刷発行
2024年３月26日　第12刷発行

著　者――借金玉
発行所――ダイヤモンド社
〒150-8409　東京都渋谷区神宮前6-12-17
https://www.diamond.co.jp/
電話／03･5778･7233（編集）　03･5778･7240（販売）
ブックデザイン―小口翔平＋奈良岡菜摘（tobufune）
本文デザイン―二ノ宮 匡（ニクスインク）
カバー・本文イラスト―伊藤ハムスター
DTP―――エヴリ・シンク
校正―――鷗来堂
製作進行――ダイヤモンド・グラフィック社
印刷―――加藤文明社
製本―――ブックアート
編集担当――田中怜子

ISBN 978-4-478-10892-5